伊藤龍平
陳 卉如 著

恋する赤い糸

日本と台湾の縁結び信仰

三弥井書店

『恋する赤い糸』もくじ

序にかえて『君の名は。』の「孤悲」する二人　2
『君の名は。』の赤い糸　2

縁結び神社　10
出雲大社訪問記　10
婚活と女子力　13
縁を結ぶ神さまたち　16
神さまが先か、神社が先か。　19
近代日本の結婚　21

恋する男女と「赤い糸」　26
蛇のおムコさん　26
古典のなかの赤い糸　28

太宰治と赤い糸 31
マンガ、ラノベ　サブカルチャー 34
歌われる赤い糸 37

赤の呪力と結びの呪力 40

「赤シャツ」の理由 40
赤の呪力 42
台湾人と赤 45
「結び」の呪力 48
中国結び 50

赤い糸、売ります！ 54

台湾の古都 54
縁結びの街・台南 58
赤い糸の売られ方と使用法 63
赤い糸がもらえる資格 65
赤い糸をもらう方法 69

月下老人の廟　74
月下老人を知ってますか　74
大天后宮――四大月下老人その一　77
武廟――四大月下老人その二　81
重慶寺――四大月下老人その三　85
大観音亭――四大月下老人その四　88

変わる浮世と恋心　94
横浜の月下老人　94
一九七〇年代の分水嶺　97
記憶のなかの赤い糸　101
恋愛成長の時代　105
瓊瑤の赤い糸　107

縁結びのお爺さん　112
「定婚店」の話　112
運命の人　115

妻の素性 117
婿選びと赤い糸 120
南宋から元へ 122

「赤い糸」の中国文学史 126
明代の赤い糸と結婚事情 126
夫婦の縁は…… 128
赤い糸の物語 131
運命は守るべきもの 134
清の時代の赤い糸 137

縁を結ぶ神さまたち 142
月下老人の日本出張 142
女媧と、嫦娥 144
牛郎織女と、七星娘娘 147
和合二仙と、泗州大聖 150
女性の一生と神さま 153

恋愛が許されなかった時代　158

父母の命、媒酌の言　158
結婚はだれのため？　160
日本時代、台湾人の結婚　163
「恋愛結婚」がやってきた　166
時代は変わった　169

日本の影と恋愛　172

台湾の「おしん」たち　172
童養媳哀歌　175
恋愛悲譚　178
カカア天下の裏側　180
日本時代のラブソング　183

現代に生きる赤い糸　186

小指に結んだ赤い糸　186
ファンタジーとSFのなかの赤い糸　189

台湾のヒット曲と赤い糸 191
台湾ドラマの赤い糸 194
赤い糸のニュース 197

あとがき 200
参考文献一覧 206

序にかえて『君の名は。』の「孤悲」する二人

『君の名は。』の赤い糸

ここに一人の女性がいる。彼女は、思い人が訪れるのを、首を長くして待っているが、なかなか彼は現れない。いつ来るのかしら、今日は来られないのかな……と思っていると、ドアのカーテンがかすかに動く。「彼だわ！」と思って目をやると、秋風がカーテンを揺らしただけだった。いまだ姿を見せない彼を待ち焦がれる彼女の心も、このカーテンのように揺れているのだった……。

彼女の名前は額田王《ぬかたのおおきみ》。高校の古典の授業でなじみのある方も多いだろう。いまから千数百年前、飛鳥時代の人で、天武天皇の妃とされる。右のスケッチは、額田王の代表歌「君待つとわが恋ひをればわが屋戸《やど》のすだれ動かし秋の風吹く」（『万葉集』巻四、四八八番歌）を意訳したものだ。

古典とは古い作品のことではなく、いつまでも古びず、新しいままの作品のことをいう。この歌に詠まれた心情に共感を抱く人も多いのではないだろうか。

額田王の生きた時代と現代とでは、社会制度も人の心の動きも異なる。この時代の婚姻形態は「妻問い婚（通い婚）」といって、男性が女性のもとに通うものだった。この歌も、妻問いの様子を詠んだものだろう。また、額田王は貴族のなかでも最高位の立場にあり、待ち焦がれている「君」は天皇のことだと思われる。

にもかかわらず、この歌に詠まれた額田王の心情は、現代女性の乙女心とそう変わらないように思う。人が誰かに恋をするのは、古今東西の別を問わず、普遍的な感情といっていい。『万葉集』には恋の歌が多い。それも人間の恋だけでなく、動物たちの恋もよく詠まれている。とくに、鹿が求愛するときの鳴き声にわたしたちの先祖は情趣を感じたらしい。たとえば、大伴旅人の歌「わが岡にさ男鹿《お》来鳴く初萩の花嬬《はなづま》問ひに来鳴くさ男鹿」（巻八、一五四一）。意味は「家の近くの岡に、雄鹿が来て鳴いている。初萩の花を自分の妻だと思っているのだろうか」とでもなろうか。動物たちの恋模様が、人間の男女のそれに重ね合わされている。

新海誠監督の『言の葉の庭』（二〇一三年）は、男子高校生と女性教員の淡い恋のゆくえを描いた作品。『万葉集』の「雷神《なるかみ》の少し響《とよ》みてさし曇り雨も降らぬか君を留めむ」／「雷神の少し響みて降らずともわれは留まらむ妹《いも》し留めば」（柿本人麻呂の作とされる）が効果的に使われている。恋する男女の掛け合いの歌だ。意訳すると、「雷が鳴ったり曇ったり雨が降ったりすれば、恋しいあなたを引きとめられるのになぁ」／「いいえ、雷が鳴らなくても雨が降らなくても、わたしはここにいるよ、あなたが引きとめてくれるのなら」。

新海氏は、『言の葉の庭』の企画の「趣意書」で万葉仮名の「孤悲」≒「恋」の表記から作品のテーマを述べている。

そして、「恋」は「孤悲」と書いた。孤独に悲しい。遠い我々の祖先が恋という現象に何を見ていたかがよく分かる。ちなみに「愛」は近代になってから西洋から導入された概念であるというのは有名な話だ。かつて日本には愛はなく、だから恋愛もなかった。ただ恋があるだけだった。

本作『言の葉の庭』はそのような恋――愛に至る以前の、孤独を描く恋物語である。

作品歴をふりかえると、新海氏は一貫して「孤悲」の物語を紡いできたことがわかる。百年一日のごとく、テーマはいつも同じ。詩情豊かな『言の葉の庭』も、ストーリーそのものは平坦である。ありきたりといってもいい。そしてその平坦さに普遍性を感ずるのは、「雷神の……」の歌がアクセントになっているからだろう。同じように始まり、同じように悩み、心をときめかせる男女の恋の物語が、千数百年もの長きにわたってくりかえされてきたし、これから先もくりかえされるだろう。永遠に古びることのない真理が、古典にはある。

『言の葉の庭』から三年後、新海氏は、空前のヒット作『君の名は。』（二〇一六年）を世に送り出した。『言の葉の庭』までの作品群に見られた作家性に、エンターテインメント性が加味され、優れた作品となった。ここでもやはり、『万葉集』の歌が用いられ、「孤悲」する男女が描かれている。

『君の名は。』を貫くモチーフは男女の縁を結ぶ「赤い糸」である。オープニングのタイトルバックから「赤い糸」が登場して主人公の男女（瀧と三葉）の運命が暗示され、クライマックスの隕石湖ですれ違う場面でも効果的に用いられている。『君の名は。』では、その後も作品の随所に「赤い糸」のモチーフが散りばめられ、世界観を形づくる通奏低音となっている。とくに落下する彗星の尾に「赤い糸」を重ね合わせているのは秀逸だと思う。

「赤い糸」といえば、男女の縁の暗喩――それはこんにちのわれわれの常識となっている。だからこそ、『君の名は。』という作品内での仕掛けとして「赤い糸」は機能している。では、諸外国ではどうだろうか。作中で

『君の名は。』
赤い糸がモチーフとして用いられている。

描かれる組紐を編む描写や、糸守町といった地名、メインビジュアルにも使用された三葉の髪に結ばれた赤いリボン、瀧の手首に巻かれた赤いミサンガ……等々にこめられた意味に、異国の人は気づくだろうか。

他国のことはわからない。たしかなのは、台湾の人ならば「赤い糸」が意味するところに気がつくということだ。台湾でも『君の名は。』は大ヒットしたが（中国語題は「你的名字（あなたの名前）」）、「赤い糸」を「男女の縁」の意味とする発想は中華圏にもある。というより、「赤い糸」の俗信は、もともと中華圏から来たものなのだ。

現在、日本の神社でよく見られる縁結びといえば、お守りや縁結びグッズを買うことや、絵馬に恋愛や結婚などの願いを書いて掛けることなどであろう。また、定期的に「良縁祈願祭」を開催しているところもある。

たとえば、川越氷川神社（埼玉県）では、「結び紐の儀」がおこなわれ、「縫い付け守り」（千人針の発想にもとづいている）、縁起物の「赤縁筆」が売られている。このほか、各地の

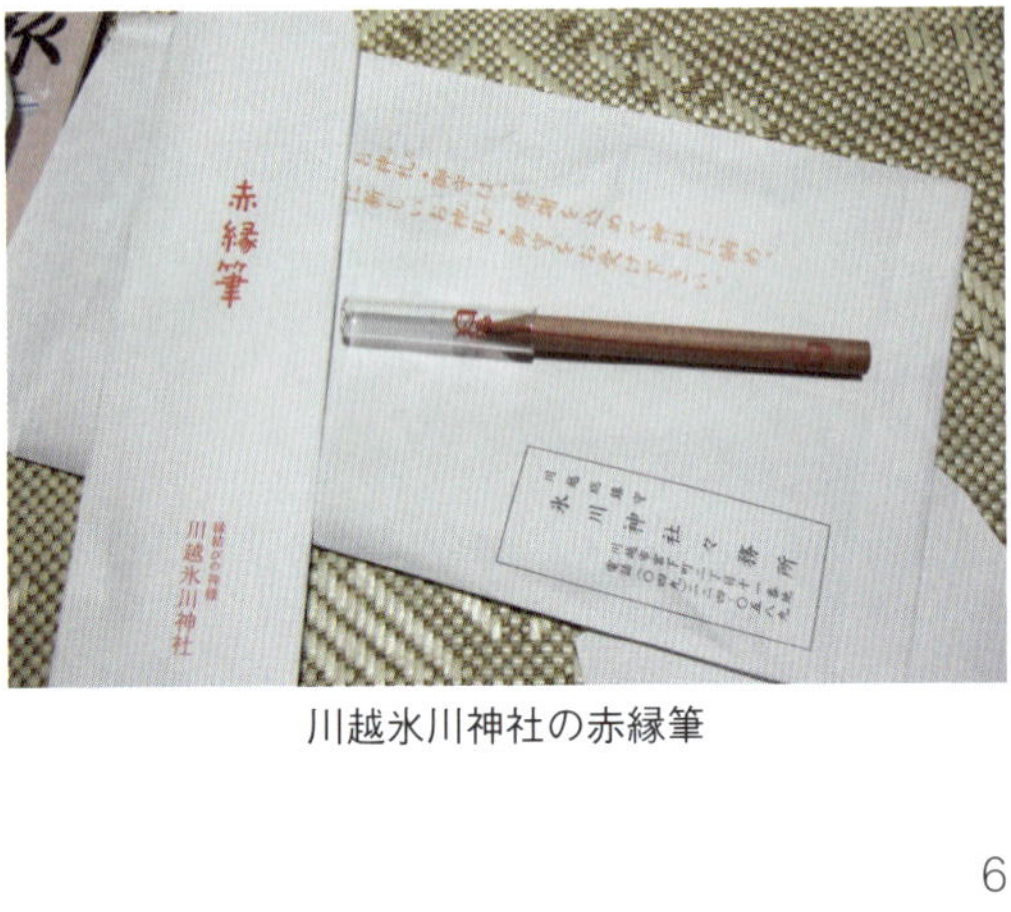

川越氷川神社の赤縁筆

赤い糸（紅包の仲）と縁粉

神社で「赤い糸」と縁結びを関連づけたグッズや催し物がおこなわれている。ちなみに、縁結び神社がいちばん多いのは京都府、以下、東京都、埼玉県、静岡県……と続くそうだ（『恋の神さまと女性にやさしい神社めぐり』）。

近年、台湾の廟でも、縁結びグッズとして「赤い糸」が売られて（もしくは配られて）いる。廟でもらった「赤い糸」（中国語では「紅線」）を持ち歩いていると、運命の人に出会えるのだという。あるいは、持ち歩いていた「赤い糸」がいつの間にかなくなっていると、縁が結ばれるとの説もある。また、縁結びグッズとして「縁粉」という鉛の粉が売られていることも多い。「縁」と「鉛」の発音が同じだという語呂合わせによって生じた風習だが、もともと結婚式の際に縁粉をまいたり、嫁入り道具に縁粉を入れる習慣はあった。このほかに、縁結びの護符などもある。

また、台湾では縁を結ぶ神さま、月下老人も人気が高い。白髭の老人で、「赤い糸」を結んで男女の縁を取り持つ。神さまとしての位は高くないのだが、自由恋愛の時代になって、人気が出てきた。現代の台湾では、「赤い糸」と月下老人はセットとして認知されて

台南夢幻時間のシール

いる。台南市では、月下老人が祀られている廟を「四大月下老人」と称し、観光スポットとしてPRしている。

台南の孔子廟で売られていた「月の神」グッズは、月下老人をモチーフとして、日本人の女子留学生がデザインしたのだという。台南市の文化創意政策が背景にあるのだが、日本と台湾の恋愛信仰の近似が指摘できる。なお、作者の女性（ミーナさん）は、「台南夢幻時間」というコミュニティをFB上で運営している。

台湾の「赤い糸」や「縁粉」は、一見して日本の縁結びグッズと大差ないように見えるが、実態はどうなのだろうか。また、日本では、縁結びの神さまとして、月下老人のように特定の神さまの名前があがることがないように思われるが、どうだろうか。その代わりに、日本では、出雲大社や今戸神社など、神社名が縁結びスポットとして思い浮かべられることが多いように思う。

似ているけれど、どこか違う。違うけれど、どこか似ている。身近なところから、日本と台湾の文化のあれこれを比較していると、飽きることはない。

それから、時代性にも注意しなければならない。運命の「赤い糸」の起源は古いが、日本でも台湾でも、この俗信が発展したのはごく最近、自由恋愛の時代だった。恋愛事情も婚姻文化も時代とともに移ろっていく。古人とわたしたちとは、どこが同じで、どこが違うのか。

人が人を好きになるというのは、時代の今昔を問わず、また洋の東西を問わず、誰しもが抱く普遍的な感情である。そういう素敵な異性に巡り合いたいとも思うだろう。けれども、その感情の表され方は、民族により時代により異なっている。結婚という習俗・制度についても同じことがいえる。

この本のテーマは、堅苦しくいえば「赤い糸」の俗信を軸にした台日比較文化論だが、そう七面倒くさく考えずに、気楽な台湾観光ガイドとしてお読みになってもかまわないし（ただし、台南限定だけれど）、親しい台湾の人がいるなら、双方の恋愛・結婚事情についての話のネタにしてもいい。

思えば、この本を手にしてくださったのも何かの縁。本を閉じたあと、何がしか心に残るものがあれば幸いである。

縁結び神社

出雲大社訪問記

縁結びといえば出雲大社——というわけで、先日、陳さんと妻と三人で、出雲大社にお参りした。ここに行かずして、このテーマでは書けない。降り立ったのは、その名も「出雲縁結び空港」。ロビーには縁結びの鳥居があり、旅行客の書いた絵馬が掛けられていた。案内板によると、八重垣神社に奉納するのだそうだ。

当日は雨が降っていたが、参拝客は多かった。ていねいに応対してくださったのは、権禰宜の那須央定さん。ご出身は宮崎だそうだが、出雲大社に赴任して一二年になるとのこと。

那須さんによると、出雲大社への参拝者数は年間二〇〇～三〇〇万人だという。ただ、式年遷宮のあった二〇一三年は六〇〇万人強だったとか。最近は、アジア圏を中心に外国からの参拝客が増えたとのこと。観光に力を入れている島根県の助力もあるらしい。

このうち、縁結び祈願の参拝者がどの程度を占めるのかは、統計を取っていないからわからない。もともと、地元の氏子たちから「大社さん」と呼ばれて親しまれており、縁結びはご利益のひとつにすぎないのだ。ただ、縁結び祈願者が多い神在祭（旧暦十月）の来訪者数

（三〇～四〇万人）が、おおよその目安になるのではないかとのこと。

出雲大社といえば縁結びの聖地というイメージが強いが、実際に行ってみると、けっして「縁結び」を前面に押し出しているわけではない。むしろ知名度のわりには控えめな、古式ゆかしい神社との印象が強く、その点も好ましかった。那須さんのお話によると、「赤い糸」などの縁結びグッズの点数も、ほとんど増えていないという。

出雲大社の絵馬

変わったのは、出雲大社ではなくて、世間の人々の目のほうらしい。那須さんによると、「縁結び」にたいする人々の意識が高まったのは、ここ一〇数年ほど（つまり那須さんが赴任したころから）だという。西暦でいうと二〇〇〇年代の半ばで、どうやらこのころに人々の恋愛観・結婚観に変化があったらしい。
時代をさかのぼると、出雲大社と縁結びが結びつけられたのは、井原西鶴『世間胸算用』（元禄五年＝一六九二）巻一の三「伊勢海老は春の椛《もみじ》」に、「出雲は仲人の神」とあるのが最初だとされる「多賀は寿命の神様、住吉は船霊様、出雲は仲人の神……」と、神々の名が列挙されているなかにある。もっとも、この場合の縁結びが、今日的な自由恋愛を前提にしたものでないこ

八重垣神社の占い用紙

八重垣神社の鏡の池

とは押さえておきたい。文字どおり「仲人の神」なのだ。

翌日は、八重垣神社の鏡の池へ。縁結びスポットとして知られる場所だ。解説板によると、ヤマタノオロチ（八岐大蛇）から逃れたイナダヒメ（稲田姫）ゆかりの池とのことで、占い用紙に硬貨をのせて浮かべ、早く沈めば良縁が早く、遅く沈めば遅いという。池をのぞきこむと、水底におびただしい数の紙とコインが沈んでいて、来訪者の多さがうかがえる。そのひとつひとつに思いがこめられているのだ。

次に行った熊野大社には、ご縁結びの夫婦松というのがあった。珍しく水中から自生している松で、ひとつの株から二本出ていることから、こう名づけられたという。夫婦岩というのもあった。その次に行った須我神社にも、夫婦岩がある。

こうして見ると、出雲大社を中心に、縁結びスポット群とでも呼ぶべきものが生まれているのがわかる。ガイドブックを読むと、神社という縛りを外せば、出雲大社近辺の縁結びスポットはもっと多くなる。それは時代の要請というべきものだった。

婚活と女子力

出雲大社（ならびに、その界隈）を縁結びの聖地とみなす風潮は、年を追うごとに強まってきている。ここでは、目についた書籍を何冊か紹介する。

フカザワナオコ『おひとりさま　縁結びの旅』（二〇一二年）は、作者＝主人公のいわゆるエッセイ漫画で、タイトル通り「おひとりさま」＝独身の女性が良縁を求めて地方を旅するという内容。著者のフカザワナオコは一九七三年生まれで、「おひとりさま」をテーマにした著作が多い。冒頭、四〇歳を手前にして自分磨きを決意したことが記されていて、全六章のうち、五章「縁結びの聖地〝松江〟に出かけよ」と、六章「最後の切り札！出雲大社で縁結び祈願」が出雲に割かれている。

まのとのま『出雲縁結び散歩――日本最強の「婚活スポット」を拝み倒す！』（二〇一二年）は一冊丸ごと出雲地方の恋愛スポットめぐり。表紙には「独女漫画家の体当たりコミックエッセイ」とある。「まのとのま」は真野匡と乃間修の共同ペンネームで、旅行関連のエッセイ漫画を多く描いている。冒頭、二人が「独女」＝「独身女性」であることが述べられ、「わたくし…気持ちをあらため本気で恋活・婚活したいと思っております」、「願・女子力アップ♡」と宣言される。

旅行もののエッセイ漫画はだいたい外れがなく、両書ともに読んでいて楽しい。加えて、婚活というテーマがあるため、（堅苦しい言い方になるが）現代女性の生き方についても考えさせられる内容となっている。こうした本が世に迎えられるのは、作者＝恋愛にあこがれるアラフォーの独身女性の気持ちにシンクロする女性読者が多いからだろう。

両書でキーワードになっているのは、「婚活」、「女子力」という言葉である。

「婚活」という語が話題になったのは、山田昌弘／白河桃子『「婚活」時代』（二〇〇八年）からだそうだ。著者の山田昌弘は、同テーマの本をいくつか執筆しており、また、ほかのライターも関連書籍を出している。就職するために就活が必要なように、結婚するためには婚活が必要――この語が流行する背景には、結婚があたりまえでない時代を生きることの難しさがある。

一方、「女子力」という語は、二〇〇九年の新語・流行語大賞にノミネートされている。流行しているわりに意味がはっきりしないが、「女性らしさを通して、男性を惹きつける能力」というのが最大公約数的な解釈になるだろうか。それは生まれつき備わっているものではなくて、努力次第で身に着けられ、さらに質を向上させられるものだとされる。女子力の「力」はスキルという意味に近い。女性にとっては、婚活を有利に進めるために必要な能力である。

「婚活」といい「女子力」といい、世相を反映した言葉、時代が選んだ言葉である。

もう一冊紹介する。『縁結び神社ときらきら温泉』（二〇一五年）の著者は、縁結び&温泉女子会。全五章のうち、一章が出雲編で、「いわずと知れた縁結びの聖地「出雲大社」へ縁結びの神様に会いに行こう！」と題されている。案内役は三人の温泉女子で、美容と縁結びが関連づけられている。フカザワナオコの書籍でも、自分磨きと婚活が結びつけられていたが、ここでは文字どおり、肌を磨くのだ。

自分磨きというと、内へと向かう感じがあるが、ここでは理想の相手を見つける「婚活」のための手段で、外へと向かっている。そこに神さまが引っ張り出されるわけだ。

縁を結ぶ神さまたち

出雲大社が恋愛の聖地になった経緯については、瀧音能之『出雲大社の謎』にくわしい。多分に、出雲大社側の宣伝戦略もあったようだ。

全国で縁結びスポットが流行するようになったのはいつごろからだろうか。目についた例でいうと、『週刊東洋経済』六一五九号（二〇〇八年）というお堅い雑誌に、「恋する乙女は神頼み？　縁結びのパワースポット」という記事が載っている。出雲大社の那須さんが言うように、流行が顕著になったのは、二〇〇〇年代に入ってからではないかと思う。

それでは、婚活のために女子力を磨き、縁結びのパワースポットめぐりをする女性たちは、いったい、どんな神さまを拝んでいるのだろう。

出雲大社の主祭神は、オオクニヌシ（大国主）。スサノオ（素戔嗚）の息子もしくは、六世か七世の孫とされている。その名のとおり、国を造った神さまだ。

出雲大社の主祭神であるため、後づけで、縁結びの神とする解釈が生まれたが、ほんらい、オオクニヌシにはそのような性格はない。出雲大社以外にもオオクニヌシを主祭神とする神社は多いが、縁結びの神とされている例はまれである。むしろ医術の神として信仰されていることのほうが多い（火傷を負った因幡《いなば》の白兎を治療したため）。

ただ、同じく、縁結び神社として知られる地主神社（京都府）や、春日大社（奈良県）、気多大社（石川県）などでもオオクニヌシが祀られていることから（必ずしも、主祭神ではないが）、関連づけられたのかもしれない。

ほかに縁結びの神さまとされているのは、神話に登場する夫婦神たちである。たとえば、イザナキ（伊邪那岐）・イザナミ（伊邪那美）は、多賀大社（滋賀県）や今戸神社（東京都）が祭祀し、スサノオ・クシナダヒメ（稲田姫）は、八重垣神社（京都府）や川越氷川神社（埼玉県）が祭祀、ヤマトタケル（日本武尊）・オトタチバナヒメ（弟橘姫命）は吾妻神社（千葉県と神奈川県）が祭祀している。

これらの神々は、夫婦であるということから連想されて、縁結びの神と見なされるようになったが、ほんらいはそうした性質はない。

また、道祖神も、縁結びの神と見なされることが多い。道祖神は多彩な性質をもつ神で、境の神として路傍に祀られ、外から来る災いを防ぎ止めるご利益があるが、いっぽうでは、縁結びの神、夫婦円満の神、性の神、安産の神としての性格もある。形状もさまざまだが、双体道祖神と呼ばれるタイプは、肩を寄せ合う男女を象《かたど》ったもので、見ていて微笑ましい。

民俗学者の倉石忠彦は、道祖神は単体で祀られるのが古態で、それが双体の神とされるようになったのは、縁結びの神と習合したからではないかと推測している。もっとも、路傍に祀られているせいか、縁結びスポットとして世に広まっているケースは少ないようだ。道祖神を祀る神社もあるにはあるが（愛知県の洲崎神社や、福岡県の熊野道祖神社など）、少ない。

インターネットで検索すると、日本全国の縁結び神社（とされるもの）がヒットするし、

双体道祖神

それらをまとめたサイトもある。もちろんそれぞれに先駆けて書籍も各種刊行されている。けれども、縁結びの神社は多いものの、「縁結びの神さまって何？」と聞かれて、特定の神さまの名をあげられる人は少ないのではないだろうか。

神さまが先か、神社が先か。

出雲縁結び空港のロビーには、地元の人が考えたらしい島根県のキャッチコピーがたくさん貼られていた。どれも自虐的なユーモアに満ちていて面白い。なかでも、神さまと結びつけられたコピーが多かった。いわく――「Uターンしてくるのは神さまばかり……」、「人口は八十万、神様は八百万（やおよろず）」、「10月は人口より神様が多い」、「妖怪が多いのが鳥取です。神様が多いのが島根です」などなど。

考えてみれば、これほど神さまと結びつけられる都道府県はほかにない。島根県のマスコット（ゆるキャラ）「しまねっこ」は神社の屋根をかぶったネコの姿をしている。

一〇月は神無月で神さまがいない――→いなくなった神さまはどこへ行く？――→出雲に行く――→だから出雲の一〇月は神在月《ありづき》……という連想で、島根が神さまのいるところになった。

じつは神さまがいないから神無月というのは俗説で、「神の月」が本来の意味。神無月の

「な」は助詞「の」の意味だ。とはいえ、この俗説が生まれたのは中世なので、五〇〇年ほどの歴史がある。出雲に神さまが集まるから神在月というのは、この俗説から生まれた俗説だが、こちらも江戸時代には知られており、それなりに歴史はある。

あらためて、八百万の神さまのなかで、縁結びの神さまとは何者だろうか。

「縁結びといえば、出雲大社よね」というのは、多くの人が思いつくところだ。しかし、「それじゃ、出雲大社に祀られてる神さまは？」と問われても、答えられる人はそう多くないだろう。その他の縁結び神社（地主神社、東京大神宮、今戸神社など）でも同じはずだ。

逆に、先に紹介したような縁結びの神（とされている神さま）の名をあげられても、そうとは認識されないだろう。オオクニヌシやイザナキ・イザナミの名を告げられても、「あぁ、縁結びの神さまですね」とは、ふつうはならない。

言い切ってしまっていいと思うが、日本の縁結び信仰の場合、神さまというよりも、神社自体にご利益があると思われている。出雲大社に祀られている神さまにお参りするというよりも、出雲大社そのものにお参りする、という図式だ。

台湾の縁結びの場合はそうではない。月下老人という、誰もが知る縁結びの神さまの名が先に来て、廟の名はそのあとに来る。縁結びで有名な廟——たとえば、台北の霞海城隍廟や、台南の大天后宮でも、月下老人の名前が先に出てくる。

つまり、日本と台湾では、発想が正反対なのだ。この理由について、この本の共著者の陳弁如さんは、ふたつの推論を述べている（——の下は伊藤の意見）。

ひとつ目は、日本の神さまの数は膨大（八百万）なので、人々にとって親しいイメージがないのではないか、ということ——たしかに日本の神々は多いけれども、台湾の道教の神々の数だって負けてはいない。

ふたつ目は、観光客へのアピールのために「縁結び＝〇〇神社」の図式を提示して、参拝客を集めているのではないか、ということ——これはたしかにまちがいない。だが、台湾の廟でそれをやらないという説明にはなっていない。思うに、台湾人にとって神さまが身近であることが、この問題を解く鍵になりそうだ。

ともかくも、日本の縁結びでは神社の名が先に来て、台湾では神さまの名が先に来る。この点は押さえておきたい。

近代日本の結婚

大まかにいって、日本の婚姻史をふりかえると、見合い結婚から恋愛結婚へという道筋をたどる。いまでは、見合いといっても事前に互いの顔写真の交換くらいはするが、以前は、

結婚写真

結婚式の当日まで相手の顔も知らないというのが普通だった。

こうなると責任重大なのが仲人で、「昔は結婚する前に結婚相手の家柄や親のことなどを、相手方の近くの人に聞くキキアワセが行われた」という証言もある（『三和町史』）。また、若者組や娘組が結婚の決定権を握っていることもある。

見合い結婚と恋愛結婚の数が逆転したのは一九六〇年代で、統計資料を見ると、一九六五年を境に件数が逆転する。イエ制度が廃止されたのは戦後間もない一九四七年だが、人々の意識が変化するのには、もう少し時間がかかった。

もっとも、両者の境はあいまいで、たとえば、友人・知人に紹介されて交際が始まり、結婚に至ったケースをどちらに判断するか、などの問題もある。そもそも見合いか恋愛かというのも自己申告なわけであるし、この数値はあくまでも概数である。ただ、おおよその傾向はつかめていると思う。

身内の例で恐縮だが、わたしの祖父母（明治・大正生まれ）はともに見合い結婚。両親（昭和生まれ）は一九七〇年に恋愛結婚したが、双方ともに見合いの話はあったという（それを袖にして大恋愛の果てに結婚したとか）。わたしたち夫婦は恋愛結婚で、わたしのほうは見合いをするという発想自体がなかった。ただ、わたしの妻のほうには見合いの話があったそうで、やはり男女差が表れている。ありふれたファミリー・ヒストリーだが、日本の近現代の婚姻史に沿っている。

加藤秀一氏は、見合い結婚から恋愛結婚へと移り変わるのにつれて、恋愛観の二重化が起こったと指摘している。「妥協的・現実主義的な恋愛」と「本格的（？）な恋愛」である。これは経験的にいってもわかる気がするが、それをふまえたうえで、「人びとが抱く〈恋愛・結婚・幸福〉という渾然一体の夢はそれほど変わらなかった」ことを、さまざまな例をあげながら証明している。

恋愛という概念は近代に西欧から輸入されたというのが定説になっていて、それで、ほぼまちがいないだろう。しかし、先ほどのデータに明らかなように、恋愛結婚自体は近代以前からあった。柳田國男が『明治大正史世相編』でふれているように、前近代（江戸時代以前）の日本の人口の八割を占めていた農民階層では、お互いに好きあった者同士が結婚するという、こんにちの恋愛結婚に近い形態がとられていたようだ。

たとえば、『三和町史』には「恋愛のことをドレアイといい、初めはよいが後はだめだといった。仲人をする人もつらい思いをした。自由結婚（恋愛）のことを、グズレアイともいった」とある（三和町は、現在の京都府）。もっとも、「恋愛結婚が許されないときは、あきらめるより仕方がなかった」、「昭和初期以前の結婚の形態は、ほとんどが見合い結婚で、恋愛結婚は見かけなかった」とも書かれている。また、「夜這い」の風習を自由恋愛と見なすことについては、小谷野敦氏らによる批判もある。しかし、少なくとも、恋愛結婚という選択肢があったのは事実なのだ。

「ご飯、食べた?」

台湾語のあいさつ言葉に「ジャッパーボエ?」がある。直訳すると、「ご飯、食べた?」となるが、実際には「こんにちは」とか「元気?」くらいの意味。台湾の街を歩いていると、よく耳にする言葉だ。こう声をかけられたときは、「ジャッパー(食べたよ)」とでも返しておけば、まちがいない。

ところが、日本語を勉強中の台湾の学生はこれをそのまま日本語にして、「ご飯、食べましたか?」と話しかけてくる。本人は「こんにちは」の意味で言っているのだが、日本語では「ご飯、食べましたか?」は「いっしょに食事をしましょう」の意味になる。なので、「まだだけど、どこか食べに行こうか?」と返すと、「いえ、わたしはもう食べました」というトンチンカンな会話になる。

聞くところによると、むかしの台湾は貧しくて、食べるものにもこと欠き、それゆえに、「ご飯、食べた?」が、あいさつ言葉になったのだとか。この説が正しいのなら、なかなか重い意味がある言葉である。食は生活の基本だ。

日本人がよくする天気の話題も独特のあいさつ言葉。「今日は暑いね」、「最近、寒いね」、「降りそうだね」……いずれも、意味は「こんにちは」、「元気?」程度だ。台湾の学生には、日本人にこう話しかけられたら、「そうですね」と返事をすればいいと話している。

台湾人から見ると、どうして日本人は天気の話ばかりするんだろう?となる。わたしは、日本人が農耕民族だったころの名残りではないかと思っているのだが、いかがだろうか。

台南の担々麺の屋台

恋する男女と「赤い糸」

蛇のおムコさん

「三輪恋〜縁結びの会〜赤い糸伝説の地」というサイトには、「赤い糸の伝説が語り継がれる三輪の地は、恋人の聖地「大神神社・大美和の杜」がある恋のパワースポットです！」と紹介されている。

大神神社（奈良県）は日本でも有数の歴史を誇る神社で、神話にも登場する。祭神はオオモノヌシ（大物主）。三輪山の神婚説話で有名である。伝承文学研究では「蛇聟入《へびむこいり》・苧環《おだまき》型」として知られている話だ（「苧環」とは球状に巻いた糸のこと）。

むかし、イクタマヨリヒメ（活玉依毘売）という美しい娘がいた。あるときから、夜ごと、ヒメの寝所に、立派な身なりの若い男が通うようになった。相思相愛となり、やがてヒメは身ごもる。不審に思った両親は、その男の素性を知りたいと思い、ヒメに知恵をつけた。

「赤土を床に撒《ま》き、苧環の麻糸を針に通して、それを男の着物の裾に刺しなさい」

三輪恋・縁結びの会のポスター

ヒメはその教えのとおりにした。翌朝、針をつけておいた麻糸をたどっていくと、三輪山まで続いていた。男は神さま（オオモノヌシ）だったのだ。（後略）

http://miwaza.do.ai/miwakoi（二〇一三年五月閲覧）

『古事記』では神の姿は描かれていないが、『日本書紀』では大蛇の姿とされている。いわゆる「異類婚姻譚」。人間が、異類（人間以外のモノ。信仰されていれば神、されていなければ妖怪）と通じる話だ。世界的に多く見られるモチーフである。神とのあいだに生まれた子を一族の始祖とする伝承が古いかたちだと思われるが、信仰を失ったのちは、妖怪として退治されたり、その子も堕胎されたりするようになった。

右のように、人間の女×異類の男の話は「異類聟」という。「蛇聟入」のほかに、「猿聟入」、「河童聟入」、「螺聟入」などが昔話として伝えられているが、多くは笑話化している。南西諸島には「犬聟入」の話が伝わっている。『遠野物語』には馬と契った娘の話が、蚕の由来として載せられているが、これは「馬娘《ばじょう》婚姻譚」と呼ばれる。

それにたいして、人間の男×異類の女の話は「異類女房」と呼ばれる。木下順二の民話劇「夕鶴」で有名な「鶴女房」や、「信太妻《しのだづま》」の話として知られる「狐女房」（生まれた子どもが安倍晴明）、松谷みよ子の童話「竜の子太郎」のもとになった「蛇女房」や、「天人女房」、「蛤女房」など。小泉八雲の再話で有名な「雪女」もこのなかに入れられる。

異類婚姻譚が文芸化されやすいのは、男女の仲がテーマになっているからだろう。まこと、男性にとっての女性、女性にとっての男性は、謎多き異類である。

さて、たしかに糸によって男女は結ばれているものの、三輪山説話にはとくに「赤い糸」という語は出てきていないし、ニュアンス的にもちがうと思う。しかし、先のサイトでは「赤土が麻の糸を赤く染め、娘と大物主神の赤い糸となった」と説明されている。

三輪山神話の麻糸が「赤い糸」だと見なされるようになったのは最近のことであろうし、また、一般に認知されているともいいがたい。しかし、戦前に刊行された、森田吐川『世界お伽噺』（一九一一年）でも、三輪山説話を「赤い糸」のタイトルでリライトしているので、下地はあったのだろう。

あとで書くが、赤い糸の俗信は中国の故事に由来する。古くは「赤い糸」ではなく「赤縄」だった。それが日本に伝来したのは江戸時代のことらしい。

赤い糸の文化史については、古田島洋介氏の論文にくわしい。古田島氏によると、柳沢淇園の随筆『ひとりね』（一七二四年）で、月下老人の故事が紹介された際にふれられたのが古い例だという。淇園は漢学者で、中国古典に精通していた。

江戸の文芸には、さまざまな赤い糸の例が見られる。有名どころでは、上田秋成『雨月物語』（一七六八年）中の一篇、「吉備津の釜」がある。要約すると——主人公の正太郎は色好みの性質で、日々、遊興にふけっている。正太郎の父親は息子の生活を正そうと、吉備津神社の神主の娘・磯良《いそら》との縁談を進める。吉備津神社には吉凶を占う釜があり、吉の場合は大きな音がするが、凶の場合は音がしない。それで、ふたりの結婚を占ったところ、何の音もしない。それでも神意に背いて婚儀はまとまったのだが……。以下の展開は略するが、怪異小説史に残る凄惨なラストが白眉である。

吉備津の釜占の場面では、登場人物の台詞として、次のように記される（現代語訳）——「御釜が鳴らならなかったのは、禰宜たちが身を清めていなかったからでしょう。もう結納も済ませていますし、赤縄につながれたら、仇の家の人でも、よその土地の人でも変えられないと言いますし」（後略）。

ここでの赤縄は結納と並べて使われている。自由恋愛を前提にした現代の赤い糸とは異なるが、「仇の家の人でも、よその土地の人でも変えられない」という一節は、運命の力の強さを感じさせる。神託よりも赤縄の運命のほうが優先されているのだ。

次に紹介するのは、為永春水の『春色英対暖語《しゅんしょくえいたいだんご》』（一八三八）。人情本（いまでいう恋愛小説）と呼ばれるジャンルの作品である。巻一之二に、「再説、彼《かの》宗次郎は思はざる家に雨宿りして、あやしくも赤縄《ゑんのいと》のつながる月下氷人事《かみのわざ》なるか、あられまじりの雨風に帰るもなか〳〵帰られず」という記述がある。

ここでは、男女の縁を指しているのが赤縄で、「ゑんのいと」と読ませている。そして、やはり月下氷人（仲人）と関連づけられている。なお、同書の巻三之五にも「はからずも嬉しき雨の月老人にて、結びし夢の」という一節がある。ここでは「月老人」を「なかだち」と読ませている。ちなみに、山東京伝の『隅田春芸者気質』では「月下氷人」を「むすびのかみ」と読ませている。

文人たちのあいだで知名度のあった赤縄だが、庶民のあいだでの浸透度はどの程度だったのだろう。渡辺信一郎『江戸の女たちの縁をもやう赤い糸――絵図と川柳にみる神仏信仰と迷信』には、川柳の例が数多く載せられている。

いくつか列をあげると、「赤縄の蜘蛛手にかかるいい娘」、「婚礼の赤縄繋ぐ鯛が来る」、

「やかましい姑引っ切る赤い縄」、「しゃくっても子が切れさせぬ赤い縄」……などなど。江戸庶民の生き生きとした心持ちが伝わってくる。

注目すべきは、当該男女だけでなく、「婚礼」、「姑」や「子」など、結婚にともなう人間関係が描かれていることである。現代の「赤い糸」は当人同士の個人的な関係が中心になっているが、それにくらべて、江戸時代の「赤縄」は社会性が強いといえる。

太宰治と赤い糸

夏目漱石が「I love you」を「月がきれいですね」と訳したのは有名な話。二葉亭四迷は「あなたとならば死んでもいい」と訳したというが、事実は少しちがうらしい。近代になって西欧から入ってきた「love」という語をどう訳すべきか、知識人たちは頭を悩ませていた。明治維新のあと、近代化が進むなかで西欧の知識が日本に流入してくるが、そのうちのひとつが「恋愛」だった。日本初の恋愛至上主義者は北村透谷で、実際に愛に殉じた。

近代小説の主要テーマが「恋愛」だったのはまちがいないが、すでに専門書も多く出ているので省略する。ここでは赤い糸に絡めて、太宰治の話をしたい。

先に見たように、江戸時代までの例はすべて「赤い糸」ではなく「赤縄」だった。その状況は近代以降も続いていて、みな「糸」ではなく「縄」である。
古田島氏によると、太宰治の小説「思い出」（一九三三年）が「赤い糸」の初出ではないかという。太宰の幼少期から中学生までの家族、学生生活の思い出を綴った自伝的小説である。「赤い糸」が出てくるのは、次の箇所。

秋のはじめの或る月のない夜に、私たちは港の桟橋へ出て、海峡を渡ってくるいい風にはたはたと吹かれながら赤い絲について話合った。それはいつか学校の国語の教師が授業中に生徒へ語って聞かせたことであって、私たちの右足の小指に眼に見えぬ赤い絲がむすばれていて、それがするすると長く伸びて一方の端がきっと或る女の子のおなじ足指にむすびつけられているのである、ふたりがどんなに離れていてもその絲は切れない、どんなに近づいても、たとい往来で逢っても、その絲はこんぐらかることがない、そうして私たちはその女の子を嫁にもらうことにきまっているのである。

まさしく運命の赤い糸。江戸時代の赤縄のように、あいだに仲人が顔を出すこともないし、姑やら子どもやらの影もない。ひたすらに、愛し合う男女のあいだだけを取り結ぶものとされている。個人的な関係で結ばれている点は、こんにちの赤い糸と同じである。

古田島氏の調査によって、この話をした国語教師は橋本誠一という人物だと判明している。橋本教諭の生年は不明だが、太宰の生年（一九〇九年）から推察すると、一九世紀末ごろだと思われる。恋愛至上主義者の北村透谷が自死したのが一八九四年なので、旧時代と新時代の狭間に生まれた世代である。教師という職業柄、進歩的な気風にふれる機会も多かったはずだ。

太宰は自己演出が上手な作家だが、演出した自己を主人公に重ね合わせることにも巧みで、数々の傑作を生みだした。そういうタイプの作家の場合、本人もその呪縛にとらわれて行動することがあるし、読者や周囲の人がそういう人物として作家に接することもある。

先の「思い出」の一節も、太宰の最期を知ってから読むと不気味な感じがする。太宰が、愛人の山崎富栄と玉川上水に身を投げたのは、「思い出」から一五年後の一九四八年。ふたりの遺体は抱き合ったままで、赤い糸で結ばれていた。富栄を口説いたとき、太宰は「赤い糸で、むすばれているような二人なんだ、お前でおしまいにするよ。信じてね、死ぬ時は一緒だよ」（山崎富栄の日記より）と言ったという。

マンガ、ラノベ　サブカルチャー

二〇一六年の大ヒット映画『君の名は。』（新海誠監督）は、終始「赤い糸」がモチーフになったラブストーリーだった。ヒロイン（宮水三葉）の側の話の舞台は糸守町という架空の町で、民俗学的意匠が各所にほどこされている。近年では、もっとも効果的に「赤い糸」をアイテムとして用いた作品といえるだろう。

サブカルチャー作品で用いられた「赤い糸」の古い例としては、漫画では、津雲むつみ『赤い糸の伝説』（一九七五年）がある。高校一年生の男女のラブストーリーなのだが、女子生徒が妊娠したり自殺したり、真犯人の教師が逮捕されたりと、なかなかかえげつない。冒頭で、弥生は赤い糸の伝説について聞かされていて、ラストにも「やっぱりあなたこそ赤い糸で結ばれたわたしのただひとりの男性」という台詞がある。波乱にとんだストーリーを貫くアイテムとして「赤い糸」が用いられている。

この展開は一世を風靡したドラマ『高校教師』（一九九三年）を思わせる。同ドラマのラストは、禁断の恋の果てに、逃避行の電車のなかで眠りについている男性教師と女子生徒の小指に、赤い糸が結ばれているというシーンだった（心中が暗示されている）。

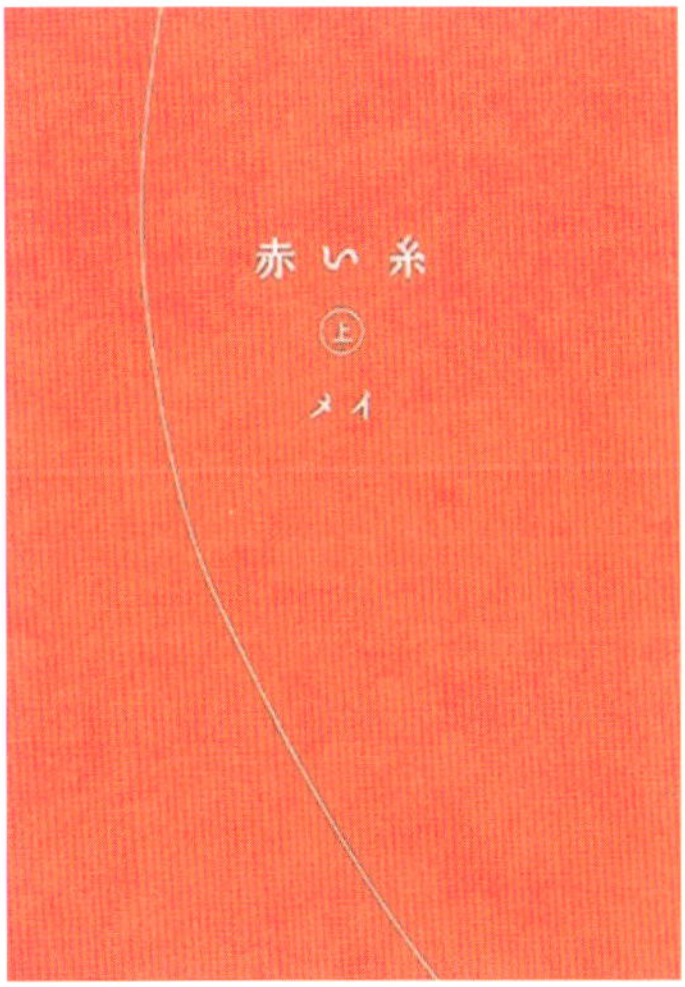

メイ『赤い糸』　映画『赤い糸』ポスター

津雲むつみ『赤い糸の伝説』

このように作品のなかで「赤い糸」が小道具として用いられることは多く、数は計り知れない。タイトルに用いられた例だけでも、各種検索によるヒット数は総計一九七件。内訳は小説（恋愛小説、翻訳小説、ライトノベル、推理、ホラー、自伝など、ジャンルはさまざま）が七六件、漫画は二五件、心理学書が八件、占い書が九件、その他、歴史読み物、社会学、科学読み物、児童向け読み物、絵本、縁結びスポットの紹介などがある。タイトルに現れていないものをふくめると、膨大な量になる。

二〇〇〇年代でもっとも有名なのは、メイの『赤い糸』シリーズ（二〇〇七年）だろう。『赤い糸』の第一部は二〇〇六年に携帯サイト「魔法の図書館」に掲載された。当時流行していたケータイ小説である。二〇〇七年に書籍化され、同年五月に第二部『赤い糸 destiny』が、同年一一月には第三部『赤い糸 precious』が出版された。二〇〇八年にはドラマ化、同年には映画化もされている。

主人公は女子中学生。幼馴染とのほのかなラブストーリーかと思いきや、二股恋愛、ドラッグ、家出、レイプ、自殺未遂……と、これまたえげつない。ここでも波乱に満ちたストーリーを貫くアイテムが「赤い糸」だった。第一作の冒頭には「神様によってアタシと貴方の小指に結ばれた一本の赤い糸。この運命の絆は目には見えない。そして貴方への地図だってない。だからアタシは、貴方に出会うために恋をする」とあって、ラストで、ふたりはやはり運命の赤い糸に結ばれていたという結末になる。

恋愛は障害物が高いほど多いほどに盛り上がるというが、どうも「赤い糸」＝運命を中心モチーフにした作品の場合、ストーリーが大仰になるようだ。

速水健郎は、メイの『赤い糸』というタイトルは、一九九八年にリリースされた浜崎あゆみの「trust」の歌詞「赤い糸なんて信じなかった」によるものだとして、「運命の赤い糸」という語自体が、この歌によって知られるようになったとしている。そうだとすると、出雲大社の縁結びスポット化が加速した時期とも符合していて興味深い。

NSP『赤い糸の伝説』ジャケット

歌われる赤い糸

次に、日本の歌謡曲の例を見ていこう。日本の音楽での「赤い糸」について、歌ネット、goo歌詞検索などを使って調べたところ、三三〇件ヒットした。内訳はJ-POPが二七六件、アニメ、ゲーム関連の曲が三七件、演歌が一七件に、その他である。

目についたかぎりでは、一九七六年リリースのNS

Pのシングル「赤い糸の伝説」がもっとも古く、歌詞には「人は生まれながら赤い糸で結ばれている　そしていつかはその糸をたどってめぐり会う　しかしその糸は細くて弱い」とある。

この歌を皮切りに「赤い糸」を歌う曲が年を追うごとに増えていく。漫画『赤い糸の伝説』の刊行が一九七五年だったが、このあたりがターニングポイントになるようだ。

前に書いたように、日本で見合い結婚と恋愛結婚の件数が逆転したのが一九六〇年代。一九七〇年代に青春を送っていた男女は、恋愛結婚世代といえる。自由恋愛が浸透していくなかで、人知の及ばぬ運命が意識されるようになっていったのではなかろうか。

八〇年代には、岩崎宏美の「赤い糸」（一九八一）、小泉今日子の「詩色の季節の中」（一九八二）などがあるが、いずれも女性の側の心情を吐露する場面で「赤い糸」が使われている。新沼謙治と松原のぶえのデュエット「めぐり逢い赤坂」（一九八九）でも、「赤い糸」が出てくるのは、女性パートの部分だ。

むろん例外はあるが、この時期、「赤い糸」という語が用いられたケースの多くが女歌（女性の心情を歌った歌）であるのは、押さえておきたい。

九〇年代では、九三年の一一曲がもっとも多く、その年以外は年間三～五曲がリリースされている。石川さゆり「合縁坂」（一九九三）、細川たかし「ふたり道」（一九九五）、小松未歩「未来」(一九九八)などである。細川たかしの歌も女性視点で歌われている。

歌詞に「赤い糸」をふくんだ曲が激増するのは二〇〇〇年以降だ。年別に見ると、もっとも多いのが一〇年と一三年の三二曲。次が〇七年と〇八年の二六曲。その次が〇四年の一六曲である。「赤い糸」は恋歌の定番になったといっても過言ではない。有名な曲は、柴咲コウ「深愛」(二〇〇四)、aiko「恋の涙」(二〇〇五)、ORANGE RANGE「イケナイ太陽」(二〇〇七)、新垣結衣「赤い糸」(二〇〇八)、コブクロ「赤い糸」(二〇〇八)、erica「会いたくて…」(二〇一〇)、植村花菜「きみとぼく」(二〇一二)などがある。

陳さんの修論では、ドラマやアニメ、CM、アイドル雑誌、写真週刊誌……などの例も表にまとめられている。陳さんは現代日本での「赤い糸」の用例を、次の三点にまとめている。⑴男性と女性の縁を示す「赤い糸」、⑵仲人によって結ばれた「赤い糸」、⑶物事をつなぐ要やポイントとしての「赤い糸」。⑶は派生的に生まれた用法で、「近代日本の歩みを貫く赤い糸」、「激動するドイツの社会状況の奥に、過去・現在・未来をつなぐ思想の赤い糸がないか」などの例をあげている。

とにもかくにも、九〇年代末から二〇〇〇年代にかけて、日本のサブカルチャー・シーンで「赤い糸」が使われる頻度が高くなったということである。『君の名は。』も、そうした背景のもとで生まれたのだ。

赤の呪力と結びの呪力

「赤シャツ」の理由

赤という色のもつ呪術性について考えるのに良い例があるので紹介しよう。

読書の愉しみといえば、未知の知識を得ることと、既知の知識を改めさせられることである。たとえば、谷沢永一『閻魔さんの休日』の、夏目漱石『坊ちゃん』に関する文章を読んだときがそうだった。

個性豊かな『坊ちゃん』の登場人物のなかでも、とりわけ印象に残るのが嫌味な教頭、赤シャツである。現実の教頭職の方には迷惑だろうが、わたしなどは「教頭」というと、つい赤シャツ的な人物を思い浮かべてしまう。

谷沢が問題とするのは、この赤シャツ教頭がどんな服装をしていたか、という点である。「赤シャツに決まってるじゃないか」と言われそうだが、そこが盲点だった。次に、谷沢も引用している『坊ちゃん』の一節を紹介する。

あとから聞いたらこの男は年が年中赤シャツを着るんだそうだ。妙な病気があったものだ。当人の説明では赤は身体に薬になるから、衛生のためにわざわざ誂《あつら》えるんだそうだが、いらざる心配だ。そんならついでに着物も袴も赤にすればいい。

……おわかりいただけただろうか。赤シャツは和服を着ているのである。あだ名の由来になった赤いシャツは、和服の下に着こんでいた。そのことは「そんならついでに着物も袴も赤にすればいい」という言葉から明らかだ。

シャツ＝洋服という先入観から、赤シャツといえば、何となくトニー谷や赤塚マンガのイヤミのような洋装のキザな紳士のイメージをもっていたので目からウロコ、おそらく同じ思いを抱いた人は多いのではなかろうか。実際、『坊ちゃん』が映像化されたときの赤シャツは、スーツに赤いシャツというスタイルが定番である。続けて、谷沢はこう述べているが、慧眼、見事としかいいようがない。

明治中期、「四国辺のある中学校」の教頭をつとめ、「猫の額程な町」で、それ相応の地位を保っている男が、「虞美人草」の小野や、「野分」の中野のような、白シャツ白カラーの洋服姿、寸分の隙もない本格のハイカラであってはかえって不自然である。

久方ぶりに『坊ちゃん』を読み返していると、いろいろ新しい発見がある。発見といっても、当方の節穴が見落としていただけなのだが、それでも、赤シャツが赤いシャツを着ている理由については気づいていない人が多いのではないだろうか。もう一度、例の箇所を引用すると――「赤は身体に薬になるから、衛生のためにわざわざ誂えるんだそうだ」――つまり、彼はおしゃれのためではなく、健康のために赤いシャツを着ているのだ。

坊ちゃんが赤シャツを揶揄しているのは、当時はまだ珍しかった帝大出のエリート学士が、土俗的な習俗を信じて赤いシャツを着ていたことによる。けっして、彼の赤いシャツがキザだったからではない。

赤の呪力

赤という色に薬効があるという俗信は、全国各地にある。とくに疱瘡（天然痘）除けに効力があるとされる。

かつての疱瘡は、感染すると死は避けられない恐ろしい病気だった。人の力で救けられないとなると、神仏に頼るしかない。そうした切なる願いから生じたのが「疱瘡絵」の俗信で、赤一色で描かれた絵をもって呪符とした。ゆえに「赤絵」「赤摺《ずり》絵」ともいう。図柄はさまざまで、鎧武者（源為朝）、金太郎、ダルマ、ミミズクなどがある。

子どもの玩具に赤色を用いるのも、同じ発想による。会津の赤ベコや犬張り子などが有名だが、ほかに金太郎や桃太郎、鯉、ミミズクなどもある。ダルマが赤いのも同じ理由によるのだとか。また、罹患した場合は、赤い布団、赤い枕、赤い頭巾を使うと良いともいう。

成人儀礼として、男の子が赤い褌をしめるという風習もあるが、これを裏返すと、還暦を迎えた老人に、赤い服や赤い頭巾を贈るという習慣になる。還暦には、生まれた年に戻る＝赤ん坊に戻るという意味がある。下の世話にならないようにという意味をこめて、赤い下着を贈るという近年の習慣も、同様の発想によるものだろう。

赤絵　金太郎の猪退治
都立中央図書館特別文庫室所蔵

話を戻すと、『坊ちゃん』の執筆時期は一九〇六年（明治三九年）で、維新から四〇年ほど経っている。赤シャツの年齢は不明だが、明治初期の生まれか（現在では教頭というと年配の印象があるが、婚約者のマドンナや、赤シャツの弟の年齢を考えると、三〇代ぐらいだと思われる）。いずれにせよ、赤シャツの両親が江戸時代生まれなのは確実で、疱瘡除けの赤の俗信にもより身近に接していたはずだ。その幼少期の記憶が、彼に赤いシャツを着させていたのではあるまいか。

何でも、日本語の「赤（あか）」は「明（あかるい）」の意味で、「暗（くらい）」を意味する「黒（くろ）」と対応する語なのだとか（『日本民俗大辞典』）。だとすれば、赤とは光そのものということになる。光は闇を駆逐するものであり、赤に呪的な力があるとするのも、うなづけるところだ。

縄文時代、弥生時代の土器や木器に赤色を施したものが多いのも、呪的な力に頼ろうとしたからだろう。日本に限らず、赤という色を崇拝する発想は、原始社会から存在していた。赤は太陽の色、血の色、火の色である。

たとえば、インドでは、寺に入るとき、「災厄から人を守る」という意味を込め、神職の人が参拝者の腕にガバラと呼ばれる赤い糸を結ぶという。用途は違うものの、赤い糸を結ぶ行為に呪的な力を見出しているのは同じである。

思うに、「赤」という色に魔除けの力を見出すという発想や、「結ぶ」という行為に呪的な力を見出すという発想は、各民族で、同時発生的に生まれたのだろう。離れた土地に「赤い糸」と似た俗信があるからといって、単純に伝承関係を想定するのは妥当ではない。生物学でいう収斂進化（たとえば、系統的にはまったくべつの生き物だが、魚竜とサメとイルカは姿が似ている）と同じような現象が、人間の文化史にも起こったと考えるべきだ。

ただ、隣接する文化圏ならば直接の伝承関係を想定するのは無理のないことで、日本と中国、台湾のような、人の往来が盛んで歴史的にもつながりが深い地域同士なら、「赤い糸」の発想が海を渡って渡来したとも考えられる。

台湾人と赤

かつての台湾では、リンゴは高級感のある食べ物で、よく病気見舞いのお土産にされた。しかし、リンゴは寒い国の果物なので、台湾では良いものが採れない。それで日本をはじめ、外国から輸入されることになる。聞けば、台湾人は赤が好きなので、リンゴを好むのだとか。台湾では、伝統的に、唐辛子や唐辛子に似せて作った飾り物を、魔除けとして屋外に掛ける風習があるので、その流れでリンゴも縁起物として見られるようになったと思われる。

春聯

台湾をふくめた中華圏では、赤はめでたい色で、吉兆を招き、悪いものを駆逐し、成功、勇敢、忠誠、正義を表すとされる。呪的な色なのだ。

だから、廟の基調色は赤で、供え物も赤色のものが多い。伝統的な家の外門も赤、もしくは赤い紙に門神を描いて扉に貼り、邪悪なものが入らないようにする。

また、赤はハレの色であり、旧暦の新年や結婚式に使われる。旧暦新年に使う色も赤が主で、春聯（めでたい文句や図柄を書いた紙で、玄関に貼る）、赤い爆竹、新しい赤い服、紅《フォン》包《パオ》（お年玉袋）、赤い漆の菓子入……などなど。この習俗は「年」という獣の話に由来するとされる。以下に例話を紹介する。


むかし、「年」という獣がいた。体が牛で、頭が獅子、角も生えているという奇怪な姿。ふだんは山に棲んでいるが、大晦日になると里へ降りてきて人や家畜を襲い、畑を荒らす。村人たちは怖くて、大晦日になると避難をしていた。

ある年の大晦日の夜、ひとりの老人が村に来た。その村にはすでに老婆ひとりしかいなかった。老婆は老人を招き入れ、食事を取らせた。老人が「村の人はどこに行ったのですか」と聞いたところ、老婆は「この村は大晦日に「年」という獣が来るので、みんな、逃げてしまったのです。わたしはもう独り身で、死ぬのも怖くないからここにいます」と言った。老人は「一宿一飯の恩義に報いたいので、わしが「年」を退治しみせましょう」と言った。

老人は老婆が用意した赤い服を着て、赤い紙を村の家々のドアに貼り、村中で焚き火をして、爆竹を用意した。深夜になると、「年」は山から降りて来たが、村の外で足が止まった。火と赤いものが嫌いなので村に近づけないのだ。老人が爆竹に火をつけると、光と大きな音が出て、「年」はびっくりして、山に逃げ帰った。

これが赤い服を着て、赤い紙を貼り、爆竹を鳴らす、中華圏の新年習俗の由来となった。新年以外でも、赤は伝統的な婚礼の色で、嫁迎えに使う鎮物もほとんどが赤。漢民族の伝統的な婚礼に使われる代表的な縁起物は花嫁衣裳の紅裳と紅蓋頭である。紅蓋頭は嫁入りの朝に被り、新婚夫婦の部屋に入るまで顔を隠さなければならない。

また、子どもが生まれたときや一歳になったとき、病気や悪いものに憑かれないように、赤い糸で古銭、または金や銀で作った錠の形のペンダントをネックレスにして、一六歳になるまでのお守りとする習慣もあった。古代の中国人は赤い糸を続命絲と呼び、子供を災厄から守ると考えていた。同じ理由で、現在の台湾でも、各廟で配布している護身符（お守り）に赤色で符咒を描き、赤い袋に入れ、赤い紐を通して、首にかける。

魔除けの金のペンダント

「結び」の呪力

さて、「結び」も呪的な行為だった。魂を身体につなぎとめておく呪法を「魂結《たまむす》び」というのもそのひとつである。「結び」に呪力を見出す発想をさかのぼると、有史以前にまでたどり着くだろう。

藤原覚一『図説　日本の結び』では、「結び」の呪術の発生時期を石器時代以前としたうえで、「結びはかように生活必須の畏敬の技である上に、重ねて魔性の魅力を感じさせるので、初期人類にとっては、火に対すると同じように聖化されて畏怖の念を抱かせるようになった」のだろうと推論している。

「結び」文化研究の泰斗だった額田巌は、著書『結び』のなかで、その分類と発達史を構想している。それによると、まず「原始作業結び」があり、それがやがて「祈占・呪術」、「記憶・象徴・標識」、「労働」の諸機能に分かれていったとし、このうちの「祈占・呪術」が「民間信仰・儀礼用・装飾用」らに分化したとしている。例として、贈答品の外装に用いられる水引があげられている。

残念ながら、額田の本では、縁結びの赤い糸に関する記述は少ないが、これが「結び」文化の一端に位置づけられるのはまちがいない。

日本語の「結び」は神道用語の「産霊（むすび）」＝「ものを産む」に関連するのだそうだ。「息子（むすこ）」、「娘（むすめ）」の「むす」と語源は同じである。だから、タカミムスビ（高御産巣日神）、カミムスビ（神産巣日神）など、神さまの名前にも「○○ムスビ」というのが多い。以上は、折口信夫「産霊の信仰」の説。

折口は、産霊の信仰について考える際、「今一つ注意して置かなければならないのは、縁結びの神である」としたうえで、次のように述べている。なお、冒頭の「近世」は「近ごろ」の意味。

近世、男女の名前と年齢とを白い紙に記して、社寺の格子戸とか境内の木の枝などに結びつけて、夫婦の契を祈る風習が広く行はれたのが縁結びの神の信仰で、此は大体、むすぶの神と発音されている。此と産霊の神との関係はどうかと言う事になるのだが、産霊の信仰が浅くなって後に、その中へ縁結びの神の信仰が神の信仰が這入って来たので、この両者は、暫くは別にして話さなければならない。

このあと「水を掬《すく》う」動作を「結ぶ」と呼ぶ例をもとに論を展開していて興味深いのだ

が、深入りすると脱線するのでやめる。押さえておきたいのは、縁結びの信仰が、後天的に生じたとすることである。

折口が提示したのと似た例が、『守貞漫稿』（喜多川守貞、近世後期）に載っている。江戸時代に流行した「宿世結・宿世焼」という遊戯で、図のように男女の名を小札に記し、双方を結ぶ。名前を記したあと、紙縒《こよ》りにして読めないようにして、結んでから名を開いて、相応か不相応かを見て興じる。婦女の遊戯だという。

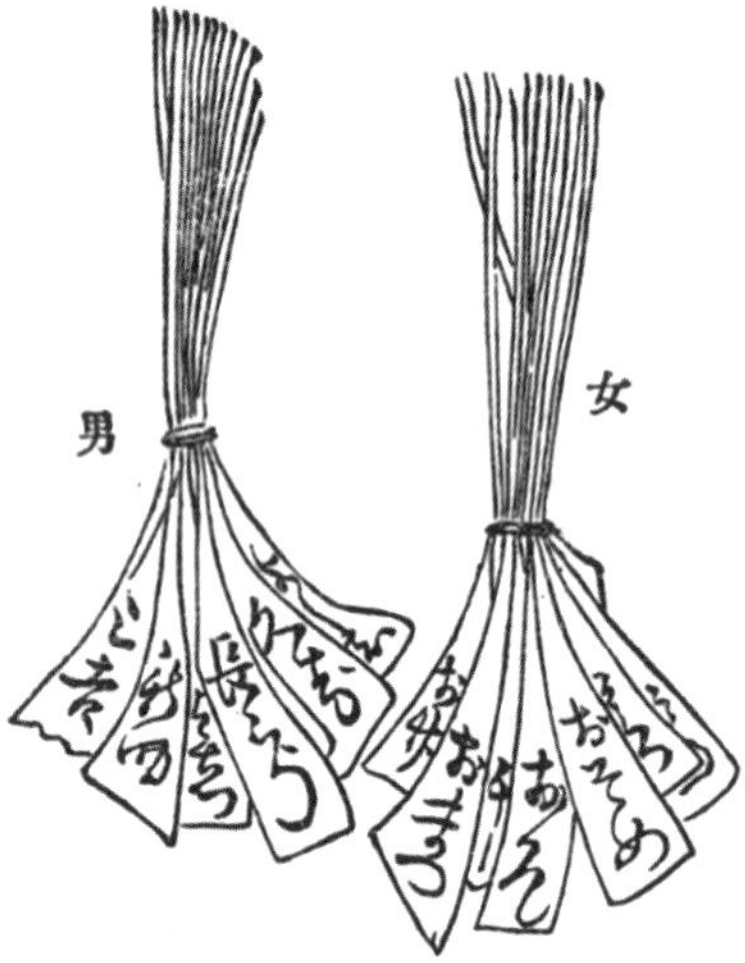

『守貞漫稿』より、宿世結び

この「縁結び」の方法は、現在も寺社でおこなわれている、おみくじを境内の木の枝などに結ぶ風習と関連すると思われる。

中国結び

ここで、いわゆる「中国結び」についてふれておきたい。台湾の空港などで、お土産として売られている飾り物で、大小さまざまあるが、決まって赤い糸が用いられている。「開運の中国結び」として、日本でも紹介されたので、ご存知の方もいるだろう。

昨今「中国結び」を紹介した本では、台湾の（もしくは中国の）伝統工芸ということになっている。けれども、陳さんのお父上の陳祐格氏（在野の結び文化研究家）によると、

中国結びのブレスレット

中国結び　結婚祝い用

少々、事情がちがうのだという。そこには政治的な背景もあった。

たしかに、中国の「結び」文化の歴史は古い。生活技術としての「結び」とはべつに、古代から王侯貴族のあいだで、装飾として用いられていた。最古のものは『周易』に載るふたつの記述だという。

ひとつは、伏義という古代の神（あるいは帝王）に関する記述。伏義が、人間たちに網の作り方を教える際に「結び」の方法を教えたというもの（ちなみに、伏義の妻もしくは妹が、恋愛の神ともされる女媧。144ページ参照）。もうひとつは、文字が発明される以前、為政者たちは、縄の結び目によって物事を記録していたというもの。もっとも、これらは神話時代の記述だ。

このあとも、中国古典には「結び」に関する記述が散見される。たとえば、清朝中期のベストセラー小説『紅楼夢』（曹雪芹、一八世紀）には、当時の女性たちの必須スキルとして、さまざまな「結び」の型が紹介されている。

縁結びに関連して注目されるのは、日本の水引にも似た「同心結び（華鬘結び）」だ。中国には、新婚初夜、夫婦の髪を切って同心結びを作って、ベッドの下に入れるという風習がある。そこから、夫婦のことを「結髪」と呼ぶようになった。

このように、付会させていけば、「中国結び」の起源は古代にまでさかのぼることができる。しかし、陳祐格氏によると、現在の「中国結び」の歴史はごく浅く、一九八〇年代以降に始まるのだという。

現在の「中国結び」は、陳夏生（一九三九〜）という女性によって始められた。陳夏生著『中国結』が刊行されたのが一九八一年。大陸政府（中華人民共和国）に対抗して、中華文化の正当性を主張する台湾政府（中華民国）も、陳氏の活動をバックアップした。陳氏は続けて、『中国結2』（一九八三年）、『中国結的経緯』（一九九〇年）、『手打中国結』（一九九四年）、『中国結3』（一九九七年）と、関連書籍を刊行し、この世界の権威としての地位を築いていく。現在では、陳氏が伝統工芸「中国結」を復活させたという伝説が定着している。

だが、陳祐格氏によると、陳夏生氏の「中国結」は、留め針と板で糸を固定して、かぎ針や太い針、ピンセットで糸を通すというもので、伝統的な手打ちの手法ではないという。この点に関しては、陳夏生氏自身も、著書の中で述べている。

現在、「伝統」として認識されているもののなかには、近代になって創出されたものが少なくない。歴史学者のエリック・ホブズボウムとテレンス・レンジャーは、これらを「創られた伝統」と呼んだ。「中国結」もまた、「創られた伝統」のひとつといえる。ただ、それを受容する人々にとっては、「創られた伝統」も「伝統」と変わらないのだ。

赤い糸、売ります！

台湾の古都

聞くところによると、台湾に旅行に来る日本人の多くが、台北だけ観光して満足して帰るのだとか。もったいない話だ。台北も魅力的な都市だが、わたしは、台湾でいちばん台湾らしいのは、台南だと思っている。台南を知らずして、台湾を語るなかれ。新幹線に乗ってしまえば、台北からたかだか一時間半、ぜひぜひ台南に足を運んでいただきたい。

台南は、かつては台湾の首都だった。古い町並みが残っていて、とにかく廟が多い。それゆえ台南は台湾の古都と呼ばれ、よく日本の京都にたとえられる。

台南が京都にたとえられるのは、たんに廟が多いからだけではない。国のなかでの立ち位置が似ているのだ。政治・経済・文化すべての面で、国の中心だったのは台南／京都だが、現在、中心は台北／東京に移ってしまっている。だから、台南／京都人は、台北／東京人に対抗心を燃やす。台湾の北部と南部の関係は、日本の関東と関西の関係に似ている。さらにたとえるなら、台南の港湾都市・高雄は大阪で、北部の都市・新竹は横浜か。

わたしの目には、台湾の町はどこも似たり寄ったりに見えるが、台南だけが特異な感じがする。台南の別称を「府城」というが、城下町特有の隘路が迷路のように縦横無尽に走っていて、歩いていると廟に出くわす。ほかの台湾の街とはちょっとちがう。

ちがうといえば、食べ物の味がまずちがう。台南料理の味は（台南以外の）台湾人でも驚くほどに甘い。台北出身の学生が「台南は醤油まで甘い」と言っていたが、まさにそのとおりだ。台南出身の同僚によると、これは台南が台湾の中心だったころの名残りだという。

むかし、砂糖は高級品で、砂糖をふんだんに使った料理を食べられるのは、富裕層のみだった。台南料理が甘いのは、裕福な土地だった証拠なのだという。ちなみに、台湾で製糖業が盛んになったのは日本統治時代、二〇世紀に入ってからだった。

それから言葉もちがう。台湾の公用語は北京語だが、在地の言葉は台湾語だ。街を歩いていると、北京語と台湾語が交互に聞こえてくる。その比率が台南では台湾語のほうが高い（一般的に言って、南に行くほど、台湾語の使用率が高くなる傾向がある）。南部の人――とくに台南人は、台湾語を話すことに誇りをもっているように見える。ちょうど、京都や大阪の人がどこにいっても（たぶん相手が宇宙人でも）関西弁で通すように。

うちの学科の前の主任は桃園（北部の都市）出身だが、はじめて南台科技大学の会議に出席したとき、席上で台湾語が飛び交っていることに驚いたそうだ。日本では、公の場では方言の使用を控える傾向があり、台湾でもそうなのだが、こと台南だけはちがっている。日本

拜月老求姻緣之旅 伴侶

您知道臺南的月老廟各家有不同的職掌嗎？ 除了單身者求姻緣， 有伴侶者也能祈求幸福美滿唷！快帶著他/ 她， 向月老訴說情願， 並一同走訪愛情小店，選購兩人幸福禮。

【合和恩愛】重慶寺 ➤ 【幸福美滿】北極殿 ➤ 【雙雙對對】雙囍織品 ➤ 【幸福有餘】卓家汕頭魚麵 ➤ 【愛情果】泰成水果店 ➤【呷甜甜】佛都愛玉 ➤ 【愛情夢幻城堡】臺南移民署

重慶寺 合和恩愛

+886-6-2232628 臺南市中西區中正路5巷2號

重慶寺亦為臺南四大月老廟之一，其似乎隨時能起身的「速報司」、一甕「醋矸」及陳情用的紅紙，據傳能讓「情人合和、夫妻恩愛」，也是重慶寺的月老與其他廟宇相異的最大特色。

北極殿 幸福美滿

+886-6-2268875
臺南市中西區民權路二段89號

您知道玄天上帝身旁的桃花女為民間「性愛之神」嗎？北極殿所供奉的桃花女，是許多情侶、夫妻參拜的對象，在愛情順遂之餘，祈求房事幸福美滿，讓感情更加溫。

雙囍織品 雙雙對對

+886-6-2287754
臺南市中西區民族路三段36號1樓

「雙囍織品工房」以文化創意產業為設計出發點，生活與家庭相關的手工織品為研發產品，主要的產品有抱枕及禮巾等相關產品，讓您雙雙對對，萬年富貴。

幸福有餘 卓家汕頭魚麵

+886-6-2215997
臺南市中西區民生路一段158號

卓家汕頭魚麵為府城老店，以狗母魚做成的魚麵滋味鮮甜，口感特殊，相信吃過的人都難以忘懷。這裡的魚冊湯及肉燥飯也是幸福感大滿意。

泰成水果店 愛情果

+886-6-2281794 臺南市中西區正興街80號

傳說蕃茄與芒果都曾被稱為「愛情果」，其酸酸甜甜的滋味也是人們對戀愛的記憶。泰成水果店的水果都是老闆親自挑選，品嘗一口就能知道的鮮甜滋味，印證店家的好眼光。

縁結びスポットが紹介されている。

台南市観光局が作成した「月老地図」。

の大学の会議で、方言主体のところはどのぐらいあるだろう。

そして、もっともちがうのが人の気風だ。わたしも漠然と感じてはいたことだが、台南の人は情に厚い。性格も熱く、中国からの独立派が多い。「ことは南部から起こる」という諺があるくらいだ。

これから紹介するのは、そんな台南の廟の「赤い糸」事情。なぜ台南かというと、いま述べたように、台南には台湾文化のエッセンスが凝縮されているからだ。なお、行政区画の変更があり、現在は、旧台南市と旧台南県全体が台南市となっている。けれども、それでは範囲が広くなりすぎるし、住民の生活実感とも離れてしまうので、ここでは旧台南市域を「台南」と呼ぶことにする。

縁結びの街・台南

二〇一六年七月二二日付のウェブニュース「フォーカス台湾」には、「良縁探しをお手伝い　台南市で七夕バレンタインのイベント開幕」の見出しで、次のような記事が載った（文責・張栄祥、編集・名切千絵）。

夫婦やカップルの愛を確かめ合うチャイニーズバレンタインの旧暦7月7日（今年は8月9日）を前に、「台南七夕フェスティバル」（愛情嘉年華）が22日、台南市で開幕した。主催の台南市政府は期間中、縁結びの神様「月下老人」がまつられる市内の寺廟を巡る街歩きツアーなど様々なイベントを開催。参加者の良縁を後押しする。

頼清徳市長によれば、市内の月下老人廟は台湾全土で最多を誇る。同市が七夕をテーマにイベントを開催するのは今年で6年目。

同フェスに合わせ、市内のホテルなどでは月下老人をまつる寺廟とコラボレーションした特別料理を提供。商業施設や文化施設にはロマンティックなアート作品が展示されるほか、コンサートも開かれる。また、「七夕祭り」が縁で結びついた仙台市との交流促進協定締結10周年を記念した展覧会も行われる。開催期間は8月21日まで。

(http://japan.cna.com.tw/news/asoc/201607220005.aspx 二〇一六年八月閲覧)

記事にあるように、台南市と仙台市は姉妹都市である。交流も深く、仙台の中高生が台南を訪れた際には、わが南台科技大学の学生が案内をしていた。「台南七夕フェスティバル」という日本語訳にはそうした背景もあるのだろう。

七夕の風習は東アジア各国に見られるが、地域差が大きい。台湾では七娘媽（織女）の誕

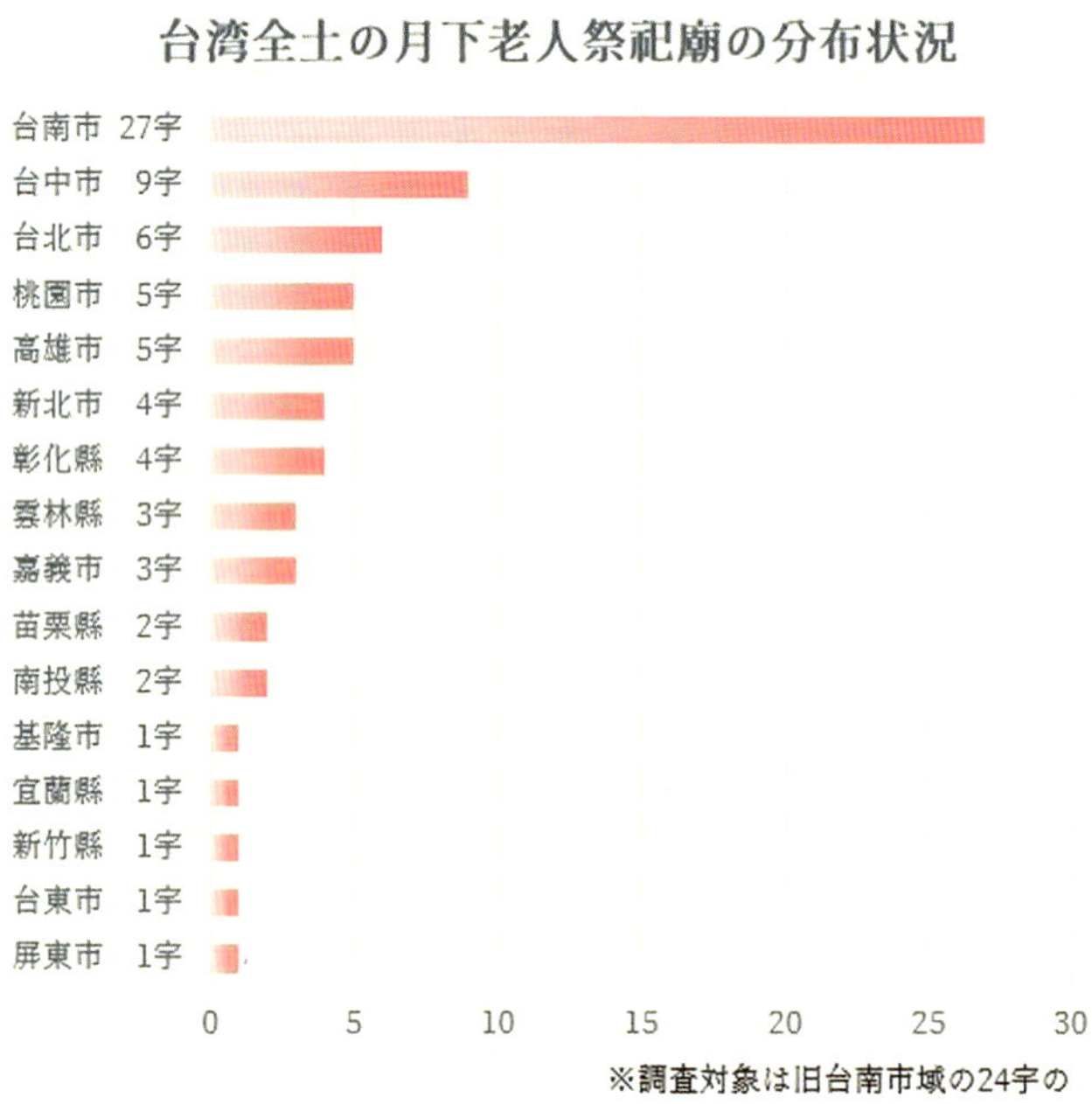

台湾全土の月下老人祭祀状況

生日とされていて、子どもを祝う日という意味合いが強い。台南では特別に「做十六歳」という成人式もおこなわれる。七夕が恋人の日とされたのは最近のことだ。

　さて、台南に限らず、台湾の廟では、縁結び祈願のための赤い糸（中国語は「紅線」）を配布しているところが多い。この章のタイトルは「赤い糸、売ります！」としたが、あからさまに商品として売っている場合と、お布施として受け取る形式の場合とがある。ここでは便宜上、「売る」という表現をする。
これまで赤い糸の実態についての調査はついぞなかった。陳さんの研究が最初である。表は、旧台南市域で月下老人を祀っている廟の一覧で、全部で二四宇ある。

表1　旧台南市域の月下老人が祀られている廟（二〇一四年四月時点）

	区域	廟宇の名称	地址
1	中西区	全台祀典大天后宮	台南市中西区永福路二段２２７巷18号
2		台湾祀典武廟	台南市中西区永福路二段２２９号
3		重慶寺	台南市中西区中正路５巷２号
4		普済殿	台南市中西区普済街79号
5		保安宮	台南市中西区保安路90号
6		台湾府城隍廟	台南市青年路１３３号
7		開隆宮	台南市中西区中山路79巷56号
8		忠澤堂	台南市中西区新美街１８１号
9		東嶽殿	台南市中西区民権路一段１１０号
10		永華宮	台南市中西区府前路一段１９６巷20号
11		開基開山宮	台南市中西区民生路一段１５６巷６号
12		台湾首廟天壇	台南市中西区忠義路二段84巷16号
13		臨水夫人廟	台南市中西区建業街16号

14	北区	大観音亭	台南市北区成功路86号
15		開基天后宮	台南市北区自強街12号
16		開基玉皇宮	台南市北区佑民街111号
17		菱洲宮	台南市北区成功路524号
18		玉皇玉聖宮	台南市北区和緯路二段372号
19	南区	下林建安宮	台南市南区大德街141巷47号
20		水門宮	台南市南区仁南街86号
21	東区	関帝殿	台南市東区中華東路二段96巷1弄1号
22	安平区	霊済殿	台南市安平区安平路75巷18弄2号
23	安南区	鹿耳門天后宮	台南市安南区媽祖宮顕草街三段1巷236号
24		土城鹿耳門聖母廟	台南市安南区城安路160号

台湾で縁結びの神さまといえば月下老人だが、意外なことに、主祭神として祀られている廟はない。縁結びで有名な廟でも、月下老人は、陪神として祀られている。もともと月下老人を祀る廟は少ないということもあるが、このことは、縁結び祈願を前面に出す発想が新しいことを示している。

月下老人を祀っている廟のほとんどで、赤い糸が売られて（配られて）いる。材質は、縫い糸、玉線というやや太い糸、中国結びに使う糸など。赤い糸が売られていないのは、11番の開基開山宮と、13番の臨水夫人廟。ただ、開基開山宮では赤い糸は売られていないが、参拝者が自分で持ちこんで願掛けをすることは可能。臨水夫人廟では赤い糸のかわりに、姻縁燈を灯して願をかける。

赤い糸の売られ方と使用法

赤い糸の売られ（配られ）方には、四つのタイプがある（番号は【表1】と対応）。

(1)赤い糸だけ……7例（1番、6番、10番、14番、16番、18番、19番）
(2)赤い糸と縁粉のセット……7例（4番、5番、7番、12番、13番、16番、20番）
(3)赤い糸と紅包袋のセット……4例（3番、21番、22番、23番）
(4)赤い糸と縁粉と紅包袋のセット……2例（2番、17番）

縁粉とは鉛の粉で、これを身に着けたり、体の一部（頬や首など）に塗ったりする。「縁」と「鉛」の発音が同じであることによる。廟によっては、女性しかもらえないともいう。

紅包袋は、中華圏で、めでたいときに用いる袋。2番の祀典武廟の林さんによると、赤い糸は一生に一本しかもらえないので、大事に保管するために紅包袋が必要だという。また、紅包袋自体にケガレを払う力があるとも話していた。

では、入手した赤い糸をどうするかというと、これも四種に大別できる。

⑴赤い糸を失くす……2例（1番、14番）
⑵赤い糸を持ち歩いて保管する……12例（2番、5番、7番、8番、15番、16番、17番、18番、19番、20番、21番、24番）
⑶赤い糸を枕の下に入れる……3例（9番、10番、12番）
⑷赤い糸を持ち歩いても、枕の下に入れても、どちらでもよい……5例（3番、4番、6番、22番、23番）

⑴はちょっとわかりにくい書き方だったかもしれないが、常時、赤い糸を携帯していて、いつのまにか（意図的ではなく）失くしているという状況のことである。そして失くした赤い糸は、月下老人によって、相手の人に結ばれるのだという。つまり、糸が失くなったときに縁結びが叶うことになるというわけ。

⑵〜⑷は、願いが叶うまで赤い糸を持ち歩くことを指している。この用法は、ふつうのお守りと同じだが、肌身離さず持ち歩くのがポイントになる。7番の開隆宮の呉さんによると、赤い糸を持って外出すると、月下老人も縁が結びやすいそうだ。

ここで注目したいのは、運命の相手と赤い糸ですでに縁が結ばれているのか、それとも新たに縁を結ぶのか、という点である。運命という言葉からは、前者が想定されるが、いまで

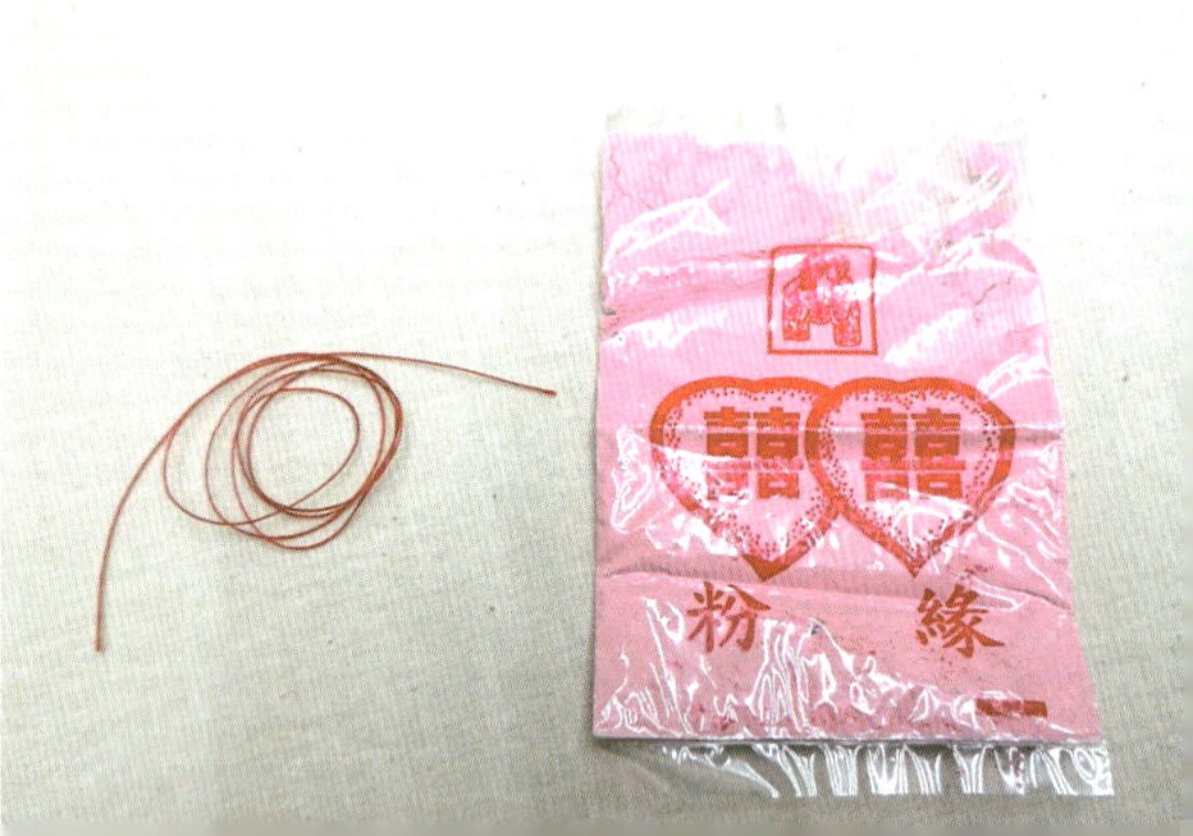

赤い糸と縁粉

は後者の印象が強いようだ。「月下老人が、相手の人に赤い糸を結んでいく」、「月下老人も縁を結びやすい」という言い回しにそれが表れている。ここに台湾人の運命観の変化を見出すことも可能だろう。

また、「赤い糸を枕の下に入れる」ことについて、23番の鹿耳門天后宮の説明パネルでは、良縁の気運を高めるための儀式と説明されている。これについては、日本の初夢に七福神の絵を枕の下に入れて寝る習慣との関連が指摘できる。民俗学では、「枕」の語源は「タマクラ」＝「魂」を安置しておく場所（蔵）に由来すると説明されるが、夢を見ることは、魂が抜け出て歩くことを示していた。古い伝承を呑みこみながら、新しい伝承は生まれるものなのである。

赤い糸がもらえる資格

赤い糸をどうするかについては、以下のような回答も得られた。

⑴赤い糸を結ぶ……9例（5番、7番、8番、17番、18番、19番、20番、22番、23番）

⑵赤い糸を結んではいけない……2例（1番、14番）

⑵は少々奇異な感じがするが、縁を結ぶのは月下老人の役目なのだから、人間が結んでは

いけないということなのだろうか。

結ぶ場所については、手首や足首が多い。結び方に言及した例は少ないが、23番の鹿耳門天后宮は、みずから赤い糸に結び目を作り、姻縁袋に入れるというやや特殊な例がある。7番の開隆宮の呉さんは「手首に結んだほうが、月下老人が縁結びしやすい」としている。そのいっぽうで、大天后宮の黄さんは、「赤い糸に結び目を作ると、月下老人が縁を結べなくなる」という反対の意見を述べている。

また、水門宮の許一文さんの話によると、ミサンガ（中国語では「幸運手環」）を手首に結ぶことが流行った時期があったらしい。そこから、赤い糸を手首に結ぶ習慣が生まれ、各廟の使い方も統一されていった可能性がある。

日本でミサンガが流行したのは一九九〇年代で、Jリーグの選手たちが身に着けていたのが最初だった。台湾でも同じころ流行ったという。もとはブラジルの風習らしい。「結ぶ」行為に呪的な力を認めるのは世界各地にあるが、国際化時代の昨今、スポーツ中継を介してそうした俗信が伝承される例も珍しくない。ミサンガが、自然に（いつのまにか）切れていると、願いごとが叶うという俗信もあるが、先ほど紹介した「赤い糸を自然に失くすと、縁結びが叶う」というのも、ここから生じた新しい俗信なのかもしれない。

ところで、赤い糸をもらうには資格がいる。整理すると、以下の五つ【表2】。

(1)独身である者……2例（1番、14番）
(2)独身か、交際相手がいる者……4例（2番、14番、21番、23番）
(3)結婚適齢期の者……2例（3番、7番）
(4)縁組帳に名前がある者……1例（8番）
(5)特になし……12例（4番、5番、6番、10番、12番、16番、17番、18番、19番、20番、22番、24番）

表2　赤い糸をもらう資格と方法

	廟宇の名称	赤い糸をもらう資格	擲筊するかしないか
1	大天后宮	独身で、赤い糸をもらったことがない者	○
2	祀典武廟	独身者も、相手がいる場合は一緒にお参りする	×
3	重慶寺	結婚適齢者	○
4	普済殿	特になし	△
5	保安宮	特になし	×
6	府城隍廟	特になし	△
7	開隆宮	結婚適齢期の者	○
8	忠澤堂	月下老人の縁組帳に名前がある者1	○
9	東嶽殿	–	–

※・する：○・してもしなくても良い：△・しない：×

10	永華宮	特になし	×	
11	開基開山宮	‐	‐	
12	首廟天壇	特になし	○	
13	臨水夫人廟	‐	‐	
14	大観音亭	独身者	○	
15	開基天后宮	独身者も、相手がいる場合は一緒にお参り	○	
16	開基玉皇宮	特になし	○	
17	菱洲宮	特になし	△	
18	玉皇玉聖宮	特になし	△	
19	下林建安宮	特になし	×	
20	水門宮	特になし	○	
21	関帝殿	結婚適齢期の者	×	
22	霊済殿	特になし	×	
23	鹿耳門天后宮	特になし	×	
24	鹿耳門聖母廟	特になし。もらった後、他の廟の赤い糸を貰ってはいけない。	○	

1　忠澤堂では、先に月下老人の縁組み帳に自分の縁結びの有無について確認する。縁組み帳に名前があったら、赤い糸をもらえるかどうかをうかがう。

⑴については、大天后宮と大観音亭では「独身である者」という決まりがある。大天后宮

の黄さんによると、交際相手がいる人はすでに赤い糸が結ばれているので、もう一度赤い糸をもらうと、月下老人がまちがえてしまい、良縁が悪縁になるそうだ。

(2)について、開基天后宮の葉さんは、相手がいる人はふたりで一緒にお参りをして、赤い糸をもらうことによって結びつくと話していた。

(3)について、重慶寺の呉さんは、「結婚適齢期」はひとつの指標として存在している決まりであり、月下老人がまだ縁結びするときではないと判断し、赤い糸を結んでもらえない場合もあると話していた。

赤い糸をもらう方法

(4)の「縁組帳に名前がある者」というのは8番の忠澤堂の例だ。まず月下老人の縁組帳に自分の名前があるかどうかを確認し、名前があったら、赤い糸をもらえるかどうかおうかがいを立てる、という方式である。では、縁組帳に名前があるかどうかをどうやって確認するのかというと、神託によって知るのである。

赤い糸をもらうために、神託を受けるのは、比較的よく見られる風習だ。この点については、次のような結果が出た。

⑴赤い糸をもらう前に、擲筊をする……10例。（1番、3番、7番、8番、13番、14番、15番、16番、20番、24番）
⑵擲筊をしない……7例。（2番、5番、10番、19番、21番、22番、23番）
⑶してもしなくてもよい……4例。（4番、6番、17番、18番）

「擲筊（ポエ）」は占いの一種で、台湾各地の廟で一般的に見られる。赤く塗られた三日月状の一対の石（もしくは木）を投げて占う。石は片面が膨らんでいて、もう片面は平たく、陰と陽を表している。投げ終わったあとの石の状態には、⑴片方が表で片方が裏、⑵両方とも表、⑶両方とも裏の三パターンがあるが、このうち⑴の状態を良しとする。

赤い糸をもらう前に「擲筊をする」というのは、月下老人の同意を得てから赤い糸をもらうことを意味していて、この方式がいちばん多い。神の力を信じているからこその行為で、勝手に赤い糸を持っていくのは失礼だという考え方である。先の縁組帳の例でいうと、「縁組帳に、わたしの名前は載ってますか？」と心の中で念じながら、擲筊をするのである。

わたしと陳さんが廟で取材をしていたとき、日本人の女性旅行客がふたり、黙って赤い糸を持っていった。その光景を見た陳さんが、心配そうに、「あれじゃドロボーだ。罰が当たっちゃうよ」と話していた。悪気はなくても、知らないというのは恐ろしい。

では、「擲筊をしない」についてはどうか。5番の保安宮の柯さんによると、縁に従うことが廟の方針なので、自由に持って行ってかまわないとしている。そういう考え方もあるか。
また「してもしなくてもよい」という回答もある。4番の普済殿の洪忠義さんの説明でも、縁に従うのは大事だが、もしそのまま持って行くことに不安を感じたら、擲筊してもいいという。これは5番の柯さんの考え方を発展させたものといえる。

擲筊

神意が通じなければ赤い糸さえもらえないのか――と、不安になる方もいるかもしれないが、心配ご無用。擲筊には回数制限はないので、良い組み合わせになるまで投げつづければいい。いずれ月下老人も根負けして、願いを聞いてくれるだろう。日本のおみくじが大吉が出るまで引きつづけられるのと同じだ。

台湾の廟で赤い糸が売られ（配られ）るようになったのは、比較的最近のことである。それでも、神々と交感する際の伝統的な作法やマナーは引き継がれている。

日本の縁結び神社を紹介するガイドブックでも、参拝の際の作法やマナーについてふれたものが多い。たとえば、参拝する前に心のなかで自己紹介（名前、出身地、生年月日……）をする。これをしないで、いきなり願いごとを言うのは、神さまにたいして失礼に当たる――など（これは縁結びに限らず、神社の一般的なマナーとされる）。

じつは台湾の廟に参拝するときも、心のなかで自己紹介をしなければならない。こうした心意伝承は外面に現れないものなので、旅行客にはわかりにくいが、マナーは守りたいものである。神さまなので、たぶん日本語でも大丈夫だろう。月下老人も、ずいぶん遠くから来たものじゃな、と、感心するかもしれない。

ステレオタイプと付き合う

このあいだ、ある女子学生（台湾人）にこんな質問をされた。

「先生、どうして日本人は頭をたたかれても怒らないんですか」

「そんなバカな。頭をたたかれたら、どこの国の人だって怒るだろう」

話を聞くと、この学生は日本のバラエティ番組を見てそう思ったらしい。ひな壇に座った芸人たちのボケとツッコミを見たのだろう。台湾のテレビ局でも、日本のバラエティ番組はよく放映されている。

わたしは、彼らが芸人であり、たたいたりたたかれたりするのは芸を披露しているのだと説明し、納得してもらった。あやうく、学生が変な日本常識を身につけるところだった。

学生たちが見る日本の番組は、ドラマ、音楽番組、バラエティとアニメである。音楽番組には会話は少ないし、ドラマやアニメの台詞が現実の会話とちがうのは学生にもわかる。だが、バラエティのトークは、一見して自然な会話に近く感じるので、誤解を生むのだろう。

ただ、この学生の質問の「日本人」を「大阪人」に置き換えると、日本の人でもそう思ってしまうのではないだろうか。これはテレビの悪影響だ。

ステレオタイプ（先入観）というのは、一度、定着してしまうと、なかなか払拭できない。たとえば、台湾では「日本人＝時間に厳しい」という先入観がある。すると、時間に細かい日本人に会うと、「やっぱり日本人は時間にうるさい」となるし、時間にルーズな日本人に会うと、「日本人にしては珍しい」となる。どちらにしても、先入観は変わらないのだ。

ステレオタイプとどうつきあうかは、やっかいな問題である。

月下老人の廟

月下老人を知ってますか

縁結びの神さまとして親しまれている月下老人——その中国での歴史については、あとで述べる。ここでは台湾の、とくに台南での月下老人について見ていきたい。

台湾の月下老人は、民俗神に分類されることが多い（燕仁『中国民間俗神』、玄天・太華『民間信仰篇——台湾神祇調査』など）。そのいっぽうで、近年の月下老人は廟との結びつきが強く、道教の神とされることもある。

この問題は、月下老人の呼称にも表れている。台湾でよく用いられている呼称は「月下老人」のほかに、「月老」、「月老公」、「月老神尊」、「月老星君」など。とりわけ、「月下老人」と「月老」が一番よく使われている。「月老公」は台湾語由来の呼称であり、主に南部を中心に用いられている。「月老神尊」や「月老星君」などは月下老人を星宿化したもので、道教での呼称である。

台湾の民間伝承のなかの月下老人について、『邀請月老喝喜酒』では、次のように紹介されている。

開基天后宮（台南）の月下老人

毎年七夕、七娘媽（織姫）は未婚の男女の名簿を天上に呈する。月下老人は名簿をもらい、人々の性格や趣味などによって縁組み帳を編む。その後、ひとりひとりの男女を表す泥人形を作り、人形と人形の足を赤い糸で結ぶ。縁結びが終わったら、人形を「配偶堂」に入れる。これで月下老人の役目は終わる。

このあたりが、現代の台湾人の一般的な月下老人の知識であろう。『民間信仰篇――台湾神祇調査』（前記）には、悪縁の由来についても記されている。

ある年のこと。天気がずっとじめじめしていて、月下老人の泥人形がなかなか乾かなかった。乾かない泥人形は壊れやすく、結局、作りなおすことになるので、月下老人は焦っていた。ある日、ようやく雨が止んで、太陽が出た。月下老人は乾いていない泥人形をすべて外に出して、乾燥させようとした。けれども、また大雨が降り始めて、室内に移し遅れた泥人形が崩れたり、赤い糸が外れたりして、大惨事になった。月下老人が泥人形を修復しようとしても、もう誰と誰との縁を結んだのかわからなくなっていて、仕方なく適当に決めた。だから、悪縁や離婚が起こるようになったという。

笑い話の要素が強い話で、おそらくは月下老人の俗信が浸透したあと、後天的に生じたのだろう。世の中にうまくいっていない夫婦がいるのを、こういう理屈で説明したのだ。

これらの話は、一九九〇年代から児童向けの読み物の素材にされたので、現代の若者にとっても馴染み深い話である。

台南には「四大月下老人」と呼ばれる廟がある。全台祀典大天后宮、台湾祀典武廟、重慶寺、大観音亭の四宇である。いずれも主祭神は月下老人ではない。「四大月下老人」という呼称は、近年になって生じたものである。

最近では、「四大月下老人」限定で、縁結びの口紅なるものも売られている。発案者は若者だそうで、いつも品切れ状態の人気グッズとなっている。

大天后宮――四大月下老人その一

全台祀典大天后宮は、通常「大天后宮」と呼ばれる。一六八四年創建の古い廟で、台南を代表する観光名所として、市民からも親しまれている。主祭神は天上聖母（媽祖）で、月下老人は、福徳正神とともに、傍祭神として祀られている。

大天后宮　月下老人像

大天后宮は、台湾最古の媽祖廟といわれている（異説もある）。月下老人が祀られるようになった時期も古く、少なくとも一九三三年以前にはさかのぼれる。というのも、日本の植民地時代の一九三三年に、相良吉哉という人が書いた『台南州祠廟名鑑』に記載があるからだ。清朝時代末期にはすでに祀られていたと思われる。

ちなみに、『台南州祠廟名鑑』に載る廟のうち、月下老人が祀られているのは、大天后宮、重慶寺、大観音亭、普済殿、天壇（現・首府天壇）の五宇で、きわだって古い。四大月下老人のうち、三つが入っている。

やはり古さというのは、信仰心を抱く際のキーワードになるのだろう。わたしのように道教とは無縁で、信仰心の薄い人間でも、こうした古い廟に入り、神像と相対すると、厳《おごそ》かな気持ちになってくる。「なにごとのおはしますかは知らねどもかたじけなさに涙こぼるる」

（西行法師）、何かのＣＭではないが、歴史は流れず、積み重なるのだ。

もっとも、読者のなかには、創建が一六八四年ならそれほど古くないな、と思われる方もいるかもしれない。一七世紀末は、日本でいえば江戸時代中期である。月下老人が祀られたと思われる清朝末期も、日本でいえば明治時代だ。千年以上の歴史を誇る奈良・平安時代の寺社仏閣に親しんでいる日本人から見ると、ごく最近のことのように思われる。

大天后宮　月下老人の杖と赤い糸

けれども、その国にはその国の歴史のなかでの古さ・新しさの感覚がある。台湾に漢民族が本格的に入植してきたのは一七世紀。台湾最古の孔子廟が台南にあるが、創建は明朝末期の一六六五年（鄭氏政権時代）である。一七世紀は台湾では始原の過去だ。たとえていうな

大天后宮　良縁祈願の願かけカード

ら、アメリカにおけるピルグリム・ファーザーズ（一七世紀に西欧から来た最初の入植者たち）と同じように、神話的時代といえる。もっとも、台湾の歴史は四百年だが、中国の歴史は四千年で、立場によって大きく異なる。

成功大学歴史学科に在籍していた査柄成さんによると、大天后宮で赤い糸が配布されるようになったのは一九七二年からとのこと。赤い糸の束は月下老人像の杖に掛けられていて、聖筊を手にした者だけがもらえる。現在では、赤い糸のほかに、縁結びのブレスレット（幸運紅線）が売られ、おみくじ（月下老人籤）ももらえる。また、「月老専線」という大天后宮主催の縁結びの会もあり、定期的にイベントもおこなわれている。

主任委員補佐の黄さんのお話では、月下老人への毎月の参拝者は二〇〇〇人以上で、年々増えているため、月下老人を祀る部屋には、ボランティアが常駐しているという。赤い糸がなくなるのも早いので、適時、補充しているという。

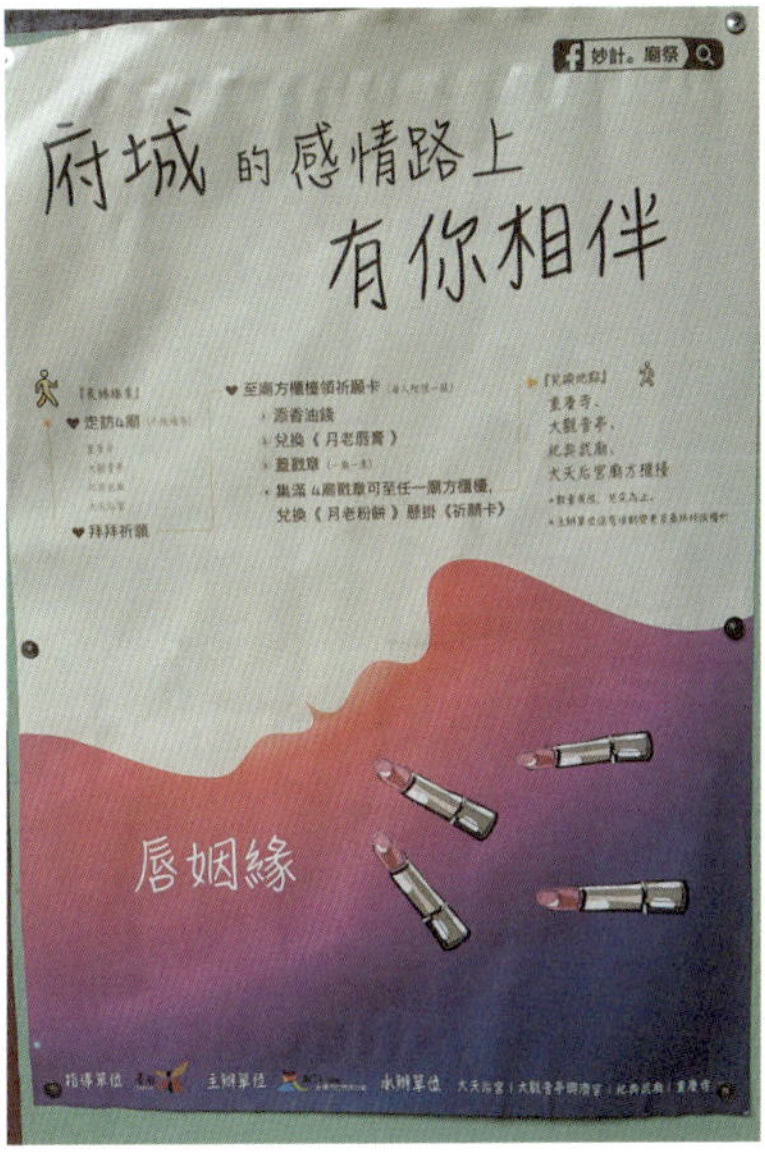

四大月下老人コラボ口紅　ポスター

なお、大天后宮の近くには、孔子廟、台南州庁（台湾文学館）、日本統治時代の消防署、警察署、林百貨店（お土産売さんとして開業）、旧日本勧業銀行（現在は、台湾土地銀行）、ロータリー（以前の大正公園）、旧愛国婦人会館、大南門（清朝時代の門）など、徒歩で行ける範囲に名所旧跡がひしめいている。この春、市立美術館もできた。一日使えば、かなりコアな台南体験ができる場所である。

武廟――四大月下老人その二

縁結びとは関係ないが、台湾の街を歩いていると、大聖廟といって、斉天《せいてん》大聖を祀った廟を見かけることがある。斉天大聖というと物々しいが、『西遊記』の孫悟空のことだ。数は少ないものの、天蓬《てんぽう》元帥こと猪八戒を祀った廟もあり、財神として崇められている（台北にある）。ならば、捲簾《けんれん》大将こと沙悟浄を祀った廟もあっていいはずだが、どうもないようだ。神さまになるのにも、人気が関係するのかもしれない。

道教の神さまのなかには、日本人にも馴染み深い人物が神格化されたものもある。四大月下老人のひとつ、台湾祀典武廟（通称、「武廟」）の祭神・関聖帝君（関帝）も、『三国志』の関羽だといわれると、すぐわかるのではないだろうか。

関羽が神格化されたのは古く、一一世紀にさかのぼる。以来、世の移り変わりをのりこえて、めんめんと信仰されつづけてきた。武廟という名からわかるように、もともとは武神として祀られていたのだが、そのうち、約束を守る義理堅い性格や（曹操とのエピソードなど）、算盤《そろばん》を発明したという伝説があることから、商売の神としても祀られるようになった。横浜の中華街に関帝廟があるのも、商売繁盛を願ってのことである。

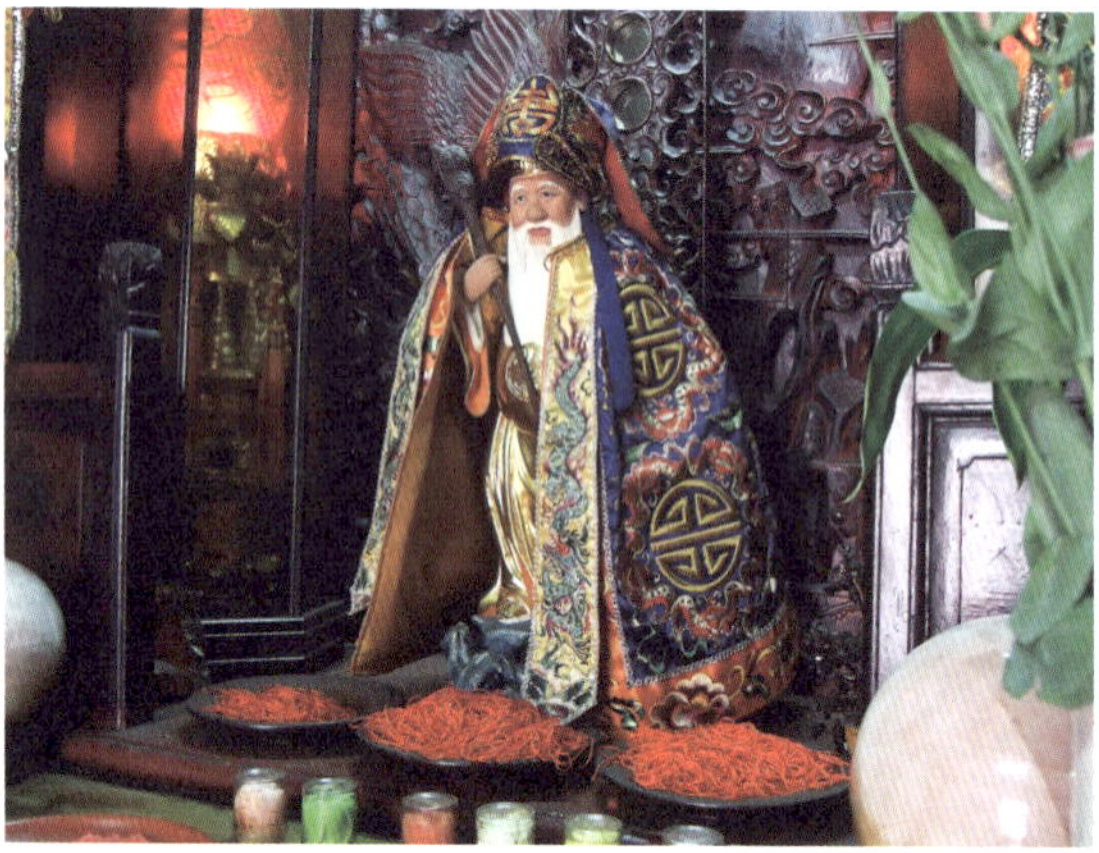
武廟　月下老人

台南に武廟が創建されたのは鄭氏政権時代の一六六五年で、大天后宮より古い。英雄、色を好むというが、史実の『三国志』でも小説の『三国志演義』でも、関羽の色恋沙汰は描かれていない。どう考えても、猛将・関羽と縁結び祈願の赤い糸とは結びつかないが、先に述べたように、古さは、ご利益を保証するものとして認識されやすいことから生じた俗信なのだろう。また、約束を律儀に守る関羽の性格も関連づけられたのかもしれない。

武廟　願かけの小瓶

　武廟が縁結びスポット化したのは、月下老人が祀られてからだと思われる。関羽も苦笑しているのではないだろうか。武廟で月下老人がいつから祭祀されたのかは不明だが、西田豊明『台南市の寺廟状況』によると、日本統治時代の一九四二年以前だという。赤い糸が配布されるようになったのは一九七二年以降、大天后宮と同時期である。やはり、この時期がひとつの鍵になると思われる。

　赤い糸のほかには、縁粉と紅包袋が配布さ

れていて、必ずセットでもらわなければいけない。このほかに、月老公姻縁福袋（赤い糸入り）、姻縁桃花縄（ブレスレット）、月老許願瓶（赤い糸入り）、貴人桃花縄（ブレスレット）などがある。また、縁結び祈願の姻縁燈も赤々と灯っている。

祭典幹事を務め、以前は解籤師（おみくじの意味を説明する人）をしていた林皆徳さん（一九六一年生まれ）によると、月下老人への参拝者は月に一〇〇〇～二〇〇〇人ぐらいだという。参拝者の増加にともなって、月下老人殿の内部が一部改築され、お参りのルールも決められた。赤い糸は適時補充しているが（だいたい二か月に一度）、バレンタインデーや七夕の前後が多いという。

気をつけてほしいのは、台南には関廟という土地があることである（台南市関廟区）。関帝廟があることに由来する地名だが、ここでふれている縁結びスポットの武廟とはまったくべつの場所であるうえに、台南駅からも遠い。縁結びスポットの武廟は、台南市の中心部にあり、先の大天后宮からも歩いて行ける距離である。もっとも、関廟の関帝廟も一七一八年建立と歴史が古く、シラヤ族（平地に住んでいた先住民族）由来の珍しい廟なので、一見の価値はある。

重慶寺　月老口紅

重慶寺――四大月下老人その三

重慶寺は一七二一年創建。清朝時代であり、大天后宮・武廟よりも半世紀ほど新しい。二〇一三年に大幅に修築されて、ずいぶんモダンな外見になった。大通りから少し奥まったところにあるので、少々見つけにくいかもしれない。

重慶寺の主祭神は、観音仏祖。日本でもお馴染みの観音菩薩である。台湾でも広く信仰されていて、誕生日（観音生誕）は大々的に祝われる。その傍祭神が月下老人なのだが、この組み合わせは珍しいものではない。

台湾では、道教と同じくらいに仏教も普及しており、両方の神さま・仏さまが仲よく祀られている。台湾人にとっての道教と仏教の関係は、日本人にとっての神道と仏教の関係に近い。道教も神道も多神教なので、外来宗教も比較的自然に受けいれるのだ。この点、これかあれかの二者択一を迫る一神教（キリスト教、イスラム教など）との相違である。

重慶寺　月下老人

廟の管理人の男性は「廟公」もしくは「廟祝」と呼ばれ、女性は「廟婆」と呼ばれる。重慶寺の廟婆の呉芳齢さん（一九五八年生）によると、参拝者は少ないが（平日は三〇人、休日は五〜六〇人ほど）、月下老人を目当てに来る人は多く、年々、増加傾向にあるとのこと。

月下老人を祭祀するようになったのは一九三三年以前で、ほかの四大月下老人と同じ時期だが、赤い糸を配布するようになったのはつい最近のことで、二〇〇三年以降だとか。

赤い糸を配るようになった経緯については不明。「よその月下老人で赤い糸を配っているのだから、うちも……」という寺の側の事情もあったのかもしれないが、それ以前に、参拝客が納得しなかったのではないだろうか、「どうして、月下老人が祀られてるのに赤い糸がないの?」というふうに。

マスメディアが発達した時代にあっては、信仰の形態が平均化されていく傾向がある。それなりに由緒のある寺廟で月下老人が祀られていれば、赤い糸と縁粉とお守りの三点セットがなければならない――そうした常識が、台湾では生まれているようだ。

　ひるがえって考えてみれば、日本の神社で売られているお守りも、縁結び、安産祈願、交通安全、学業成就、病気平癒……など、お決まりのものが多い。どれかひとつ欠けていたら、何か足りない感じがするが、これも信仰形態の平均化だ。

　実際、重慶寺でも、ほかの寺廟と同じように、赤い糸が紅包袋に入れられてセットで配られていて、縁粉もある。赤い糸はなくなりそうになったら、適時補充する。販売品ではない。個性がないかわりに、安心感はある。

重慶寺　速報司

　ところで、月下老人とはべつに、重慶寺では、速報司という神も祀られている。その名のとおり、縁結びの願いを速達で神さまに届ける役割の神さまだ。片岡巌『台湾風俗誌』（一九二一年）には、「閻王の直属にして且つ秘書官」であると説明されている。ほんらいは人のおこないの善悪を神さまに知らせる神さまなのだそうだが、重慶寺が縁結びで有名になるにしたがって、縁結びの使いに特化されるようになったようだ。

それにしても、縁結びを速効で実らせなければならないとは、どのような状況なのだろうか。こんなところにも、時世が見て取れる。

大観音亭——四大月下老人その四

四大月下老人の最後は、大観音亭。やはり仏教寺院で、その名のとおり、観世音菩薩を祀っている。創建されたのは一六七八年（一七三八年とも）で、ほかの三つの縁結び寺廟と同じ時期である。やはり台南駅から徒歩で行ける圏内にある。

月下老人が祭祀されるようになったのも一九三三年以前で、ほかの三つの月下老人と同じ時期だが、赤い糸が配布されるようになった年代は不明とのこと。

大観音亭の廟婆（管理人の女性）によると、休日はもちろん、平日でも夕方四時くらいから参拝者が増えてくるという。

大観音亭の月下老人は、もとは本殿中央の左前に祀られていたが、参拝客の増加にともなって、二〇一三年七月に本殿の右側に移されて、月下老人専用のスペースも造られた。現在では、参拝の仕方を説明したパネルも設置されている。参拝者の力によってランクアップした感じである。

赤い糸は、月下老人の同意を得たあとで、管理人からもらう。糸は常に補充しているそうだ。それと一緒に縁粉が配布され、姻縁袋が売られているのは、ほかの縁結び寺廟と同じ。ただ、廟の外のガジュマルを「姻縁樹（縁結びの木）」と称して、姻縁袋や祈願カードを結いつけるというのはあまり例がなく、特徴となっている。

台湾には、樹齢の長い木を「神木」、「老樹公」として崇める習慣がある。この点は日本と同じだが、台湾の場合、樹木の精を神格化（擬人化）する場合がある点が異なる。

台湾の神木について研究した蘇瑞展氏によると、台湾の神木には、⑴原型、⑵神位型、⑶神像型の三タイ

大観音亭　月下老人

プがあるという。原型は樹木そのものが祀られているタイプで、日本でも例が多い（しめ縄が巻かれていることが多い）。神位型というのは、お札が貼られているもの。これも日本にあることはある。神像型というのは、樹木の神さまの像を祀った例で、日本にはあまり例がない。

神木になるのは特定の種類の木だが、台湾の場合、その有力なひとつがガジュマル（中国語では「榕樹」という）である。

大観音亭　縁結び袋（赤い糸、縁粉入り）

台湾では、ガジュマルには霊的なパワーがあるとされている。だから、お葬式のときや病気見舞いのときには、ガジュマルの葉を一枚ポケットに入れておくと良いとされる。日本でいえば、清めの塩のような役割である。このように、ガジュマルには浄化作用があることから、風水的に重要な位置に植えて魔除けに用いられることが多い。日本では、沖縄の「ひんぷんガジュマル」が有名（「ひんぷん」は「屏風」のこと）。わたしが勤務している南台科技大学でも、風の通り道にあたる校庭の一角にガジュマルが植えられている。

俗信はべつの俗信を吸い寄せ、結びつける傾向がある。赤い糸の俗信と、神木としてのガジュマルの俗信が結びついた例といえよう。

なお、廟婆の方の話では、以前、大観音亭の調査をした人が、いいかげんな内容の記事を書いたことがあり、それ以来、公的機関以外の取材はNGにしているそうで、くわしいお話は聞けなかった。ただ、廟の記録の開示や、参拝者への取材などは制限していないそうだ。もちろん、一般の参拝者は歓迎されている。

大観音亭　縁結びの木

台湾名物の臭豆腐

台湾の味？

よく言われることだが、「豆腐」と「納豆」は字の意味が逆になっている。豆腐は豆を四角く納めるのだから「納」の字を使うべきで、納豆は豆を腐らせるのだから「腐」の字を使うべきだということ。なるほどと思わせる意見だ。

だから、台湾に来て「臭豆腐」という食べ物を知ったとき「これこそ豆腐だ！」と思った。豆腐を発酵させて作るのだが、異臭と言ってかまわないほどの強烈な臭いを発する。

インパクトがあるため、台湾関連のエッセイやブログなどでしばしば取り上げられるが、あまりゲテモノ扱いするのはいかがなものかと思う。庶民の味であり、もっとも親しまれている郷土料理なのだ。そもそも強烈なのは臭いだけで、口に入れてしまえば、味そのものは悪くない。臭いの強い揚げ豆腐のようなもの。食の伝統は尊重しなければならない。

と思っていたところ、黄霊芝『台湾俳句歳時記』の「臭豆腐」の項に、戦後、外省人（大陸からやってきた人々）によってもたらされ……と書かれているのを見て驚いた。思い込みとは恐ろしい。半世紀ほど前に国外からもたらされた食べ物なのだから、ハンバーガーやフライドポテトと変わらない。そんな短期間でよく台湾全土に定着したものだと思う。

以前、授業で、台湾の伝統料理について話させたところ、「臭豆腐」とともに、「炒泡麺」をあげる学生がいた。インスタントラーメンを炒めたもので、おいしいけれど、伝統食とはいえまい。これもやがて伝統になるのだろうか。

変わる浮世と恋心

横浜の月下老人

ところで、日本にも、月下老人を祀った廟があるのはご存知だろうか。

日本最大の（そして東アジア最大の）チャイナタウン・横浜中華街の一角にある横浜媽祖廟。そこに行けば、月下老人のお守りや、良縁セット（祈願カード、赤い糸、縁結びのお守り）などが、ひととおり手に入れられる。時間がなくて台湾に行けないという方は、手始めにこちらに足を運んでみてはいかがだろう。

横浜に、媽祖廟が創建されたのは二〇〇六年三月で、ごく最近のことである。横浜開港一

横浜媽祖廟　月下老人

五〇年を記念して開廟された。主祭神は、天上聖母（＝媽祖、航海の神さま）と玉皇上帝（天上界の最高位の神さま）で、傍祭神は、月下老人、註生娘娘、臨水夫人（ともに、子宝・安産の神さま）、文昌帝君（学問の神さま）、福徳正神（土地の神さま）。道教の神さまの主な顔ぶれがそろっている。

横浜媽祖廟　良縁祭

事務局長の大山靖媛さん（一九六四年、台湾・屏東市生まれ、女性）からは、次のようなお話をうかがった。

横浜媽祖廟は、開廟前から台南の大天后宮の協力を受けており、祭神も分霊されている。像や祭祀用品なども大天后宮から調達しているとのこと。平日は参拝客が少ないが、休日になると多くなる。もちろん、主祭神は媽祖なので、参拝客のすべてが縁結び目当てというわけではないのだが。

月下老人が祭祀されたのは、廟の創建から三年後の二〇〇九年。台湾の月下老人とちがって、恋愛・結婚だけでなく、仕事や人間関係、商売にも良縁をもたらすという。

祭祀が開始された二〇〇九年七月七日には「良縁祭」が開催され、以後、廟の年中行事となった。事前申し込み制のイベントで、当日の儀式では、参加者の額に縁粉をつけて、記念品が配布される。二〇一三年からは赤い糸が配布されており、以降、恒例となった。赤い糸は、恋愛以外の縁を望む人は手首に結び、恋愛・結婚の縁を望む人は薬指に結ぶのだという。

大山さんによると、良縁祭の参加者は二〇～四〇代が多く、全体の四分の三が女性とのこと。参加人数は、初年の二〇〇九年は四〇人ほどだったが、二〇一二年は八八人、二〇一三年は一二八人と、年々増加している。

ちなみに、横浜中華街にあるもうひとつの廟、関帝廟は一八六二年の開基。横浜港の開港とほぼ同時期で、中華街の生成初期という古さである。主祭神の関帝（関羽）は商売の神さまなので、商人の多い中華街で必要とされるのは、うなづけるところ。傍祭神として、玉皇上帝、地母娘娘、観音菩薩、福徳正神など、やはりおなじみの神々が祀られているが、月下老人はいない。

思うに、横浜中華街の媽祖廟に月下老人が祭祀されるようになった理由として、関帝廟に祀られていないことがあげられるのではないだろうか。すきま産業というと表現が悪いが、恋愛をつかさどる神さまが必要とされる時代が来ていたのだ。

横浜媽祖廟に月下老人が祀られるようになったのが二〇〇九年という点にも注目してみたい。出雲大社が縁結び神社として注目されるようになったのが二〇〇〇年代に入ってからだという話は前にしたが、同じ時期なのである。

一九七〇年代の分水嶺

話を台湾に戻す。【表3】は、台南の月下老人が祀られている廟の管理者への聞き取りをまとめたものだが、なかなか興味深い結果が得られた。

結果を年代別にまとめてみよう。質問⑴「この廟はいつから月下老人があったのですか」という問いにたいする答えは次のようである。カッコ内の数字は通し番号。

表3　廟・月下老人・赤い糸の歴史

No.	廟宇の名称	廟の創建年代　※（　）内は異説	月老祭祀開始時期	赤い糸の配布開始時期
1	大天后宮	1684年	1933年以前	1972年
2	祀典武廟	1665年（1690年）	1942年以前	1972年
3	重慶寺	1721年	1933年以前	2003年以降
4	普済殿	1686年	1933年以前	不明

5	保安宮	1715年（1718年）	1983年改建以後	1983年
6	府城隍廟	1669年（1683年）	不明	つい最近
7	開隆宮	1732年（1823年）	1985年	1985年
8	忠澤堂	1984年	1986年	1986年
9	東嶽殿	1673年	1942年以前	赤い糸なし
10	永華宮	1662年（1750年）	2001年	2001年
11	開基開山宮	1624年（1746年）	1942年以前	赤い糸なし
12	首廟天壇	1854年（1855年）	1855年	1973年頃
13	臨水夫人廟	1736年	2013年	赤い糸なし
14	大観音亭	1678年（1738年）	1933年	不明
15	開基天后宮	1640年（1644―1661）	2004年	2004年
16	開基玉皇宮	1670年（1800年）	不明	不明
17	菱洲宮	1834年	1961年以前	不明
18	玉皇玉聖宮	1988年	2008年	2008年
19	下林建安宮	1826年	2005年	2005年
20	水門宮	1972年	1993年	1993年
21	関帝殿	1647―1662年	1988年	1988年
22	霊済殿	1684年以前（1718年）	2006年	2006年
23	鹿耳門天后宮	1719年	1997年	1997年

24	鹿耳門聖母廟	1719年	1980年	1981年

一九三〇年代以前……5例（1、3、4、12、14）
一九四〇年代……3例（2、9、11）
一九五〇年代……0例
一九六〇年代……1例（17）
一九七〇年代……0例
一九八〇年代……5例（5、7、8、21、24）
一九九〇年代……2例（20、23）
二〇〇〇年代以降……6例（10、13、15、18、19、22）
年代不明……2例（6、16）

「一九三〇年代以前から」という答えは、先ほど紹介した四大月下老人と、首廟天壇である。

こうして見ると、戦前（日本統治時代）に月下老人を祀る気運が高まったあと、戦後の一九五〇〜七〇年代に停滞期があり、一九八〇年代以降、ふたたび盛んになっているのがわかる。
次に、質問(2)「いつから赤い糸を販売（配布）し始めたのですか」という問いに対する回答を年代順にまとめる。

一九三〇年代以前……0例
一九四〇年代………0例
一九五〇年代………0例
一九六〇年代………0例
一九七〇年代………3例（1、2、12）
一九八〇年代………5例（5、7、8、21、24）
一九九〇年代………2例（20、23）
二〇〇〇年代以降……7例（3、6、10、15、18、19、22）
年代不明……………3例（4、14、16、17）
なし…………………3例（9、11、13）

一九七〇年代の3例のうち、例1と例2は、例20の関帝廟の話者、査柄成さんによる情報である。一九八〇年代の5例は、すべて月下老人が祀られるのと同時に、赤い糸が配られ(売られ)るようになったという。年代不明の3例も、查さんの話によると、一九七〇年代前後だとのこと。一九七〇年代というのが分水嶺となることがわかる。

記憶のなかの赤い糸

調査結果をまとめると、日本統治時代に、近代の自由恋愛の風が台湾に吹きこんで、月下老人を祀る廟が増えはじめた。日本の敗戦により植民地時代が終わり、国民党時代が始まる混乱のなか、いったん自由恋愛の風は止んで月下老人信仰も退潮したが、社会が安定するにしたがって、ふたたび祀られるようになり、さらに赤い糸というアイテムも加わるようになった——こんなところだろうか。

廟で調査をしたおり、話をうかがった方々に、赤い糸について質問をしてみた。それぞれの廟についてではなく、一般論としての質問である。質問項目は、「月下老人の話は知っていますか。(知っているなら)いつごろ知ったのですか」、「廟の赤い糸は、いつごろから配布されていると記憶していますか」、「赤い糸に関するエピソードがあったら教えてください」。

その結果、女性は全員知っていたが、男性は「廟と関係を持つ前は知らなかった」、「月下老人が祀られる前は知らなかった」という意見が目立った。明らかに性差が現われている。女性のほうが、縁結びへの関心が高いのだ。日本の縁結び祈願も、主に女性のあいだでブームになっている。

永華宮の馬さんによると、彼が二五歳のとき（一九七三年）には、見合い結婚の人もいたが、恋愛結婚が主流になりつつあったという。また、赤い糸の俗信は友人女性から聞いたことが多いとも話していた。

【表4】は、「廟で配布されている赤い糸はいつごろからあったのですか」という質問に対する回答である。

表4　赤い糸を知った時期

※お名前は一部、匿名とした。

No.	廟宇の名称	名前	性別	生年／年齢	廟から赤い糸を貰えるの知ったのはいつ？	換算して推測される時期
1	大天后宮	黄○○	女	30代後半？	ずっと前から知っている	—
2	祀典武廟	林皆德	男	1961年／52	21か22歳の頃で知った	1982、1983年頃
3	重慶寺	呉芳齡	女	1958年／55	30年前ぐらいから知っている	1983年以降
4	普済殿	洪忠義	男	1968年／45	20代から知っている	1988年以降

5	保安宮	柯添允	男	1938年／75	月下老人が祀られる前は知らなかった	1983年頃
6	府城隍廟	鍾孟輝	男	1957年／56	20代から知っている	1977年以降
7	開隆宮	呉○○	女	1941年／72	40年前ぐらいからある	1973年前後
8	忠澤堂	王金山	男	1956年／57	40年前ぐらいからある	1973年前後
9	東嶽殿	林○○	男	1962年／51	20代で知った	1982年以降
10	永華宮	馬吉良	男	1948年／65	25歳の頃に知った	1973年前後
11	開基開山宮	陳○○	男	1932年／81	赤い糸のこと知らない	―
12	首廟天壇	陳○○	男	1956年／57	40年前ぐらいからある	1973年前後
13	臨水夫人廟	○○○	男	60代前半?	―	―
14	大観音亭	○○○	女	50代後半?	―	―
15	開基天后宮	葉泰雄	男	1943年／70	民国60年代からあった	1971年以降
16	開基玉皇宮	翁○○	男	―／―	若い頃から知っている	―
17	菱洲宮	洪景潤	男	1952年／61	廟と関係がある前は知らなかった	2005か2006年
18	玉皇玉聖宮	○○○	女	―／40代	20代で知った	1990年
19	下林建安宮	蔡森勇	男	1959年／54	15〜16歳の頃で知った	1974か1975年
20	水門宮	許亭然	男	1948年／65	月下老人が祀られる前は知らなかった	1993年
		許一文	男	1968年／45	20代に知った	1988年以降
21	関帝殿	査柄成	男	1954年／59	18、19歳の頃、廟の調査で知った	1973年前後

22	霊済殿	蔡〇〇	男	1962年／51	月下老人が祀られる前は知らなかった	2006年
23	鹿耳門天后宮	陳〇〇	男	―／―	月下老人が祀られる前は知らなかった	1997年
24	鹿耳門聖母廟	呉美滿	女	1968年／45	27歳で初めて月下老人参りの時に知った	1995年

一九三〇年代以前……0例
一九四〇年代……0例
一九五〇年代……0例
一九六〇年代……0例
一九七〇年代……8例（6、7、8、10、12、15、19、21）
一九八〇年代……6例（2、3、4、5、9、20―2）
一九九〇年代……4例（18、20―1、23、24）
二〇〇〇年代以降……2例（17、22）
年代不明……3例（1、16）
無回答……3例（11、13、14）

顕著な結果が表れている。一九六〇年代以前と記憶している人はゼロ、一九七〇年代になって急増している。先ほどの廟側のデータとも符合する。

「二〇代で知った」という回答が多かったのは結婚適齢期だからだろう。ただ、男性の場合は年齢と関係なく、「月下老人が祀られる前は知らなかった」という回答が多かった。そのほか、話者の資料と対照すると、廟と関係している地元民は一般の人々よりも早く知った傾向がある。

恋愛成長の時代

先の調査結果を、現代台湾史と照らし合わせてみてみよう。

日本の植民地統治が終わり、一九五〇年代になると、自由恋愛、そして恋愛結婚が、都市部や知識人階層では一般的になっていった。そして一九六〇年代になると、高校生、大学生のあいだでもそれが当たり前のことと認識されるにいたった。個人の感情にもとづき、自分の意識で決められる結婚が当然のことになったのだ。

とはいえ、まだ過半数の人は親の勧めや見合いで結婚を決めていた。しかし、一九六〇～七〇年代には大家族から核家族へ変化し、妻と夫、そして親と子どもの距離も近くなった。大家族だったころとちがって、結婚相手を選ぶのに、利益よりもお互いの気持ちを重視するようになったのだ。親世代も若者たちの意見を聞くようになった。

そして一九七〇～八〇年代から台湾は高度経済成長期に入り、欧米的な価値観が流入した。女性運動や男女平等の概念をもとに家庭に変化が生じて、伝統的な男女の役割のイメージも薄くなった。次第に個人意識が台頭し、自由恋愛が若い男女のあいだに浸透していった。

李妙虹『戦後台湾婦女の社会地位（１９７０―２０００）』では、「一九七〇年代は、アメリカの一九六〇年代の婦人運動の思想の影響を受け、女性を伝統的な婚姻制度と家庭制度、社会思想などの束縛から解放すべきである」という思想が広まったと述べられている。先に書いたように、この時代は恋愛や結婚に関する考え方が大きく変化した転換点であった。高度経済成長の時代は、恋愛成長の時代でもあったのだ。

蕭英玲・利翠珊の論文「現代台湾における女性の婚姻形態と動向」では、各種の公的な統計データを用いて、この問題を論じている。以下、同論文によりながら、現代台湾の結婚の動向を見ていくが、だいたい、日本の状況と同じである。

台湾では近年、結婚率が低下し、それにともない、出生率も低下している。初婚率でいうと、一九八一年に男性が六二・七%、女性が九一・九%だったのが、二〇〇一年には、男性が三〇・二%、女性が三七・一%となっている。わずか二〇年のあいだに急激に低下しているのがわかる。

これに連動して、結婚経験率も九六%（一九八〇年）から七七%（二〇〇五年）に低下している。とくに結婚適齢期（同論文では二五〜三四歳としている）での未婚率が上昇している。反比例して、離婚率も上昇している。要するに、ひとり者が増えた。

総じて、現代の台湾では、結婚して家庭生活を営むのが困難な時代になったといえる。同論文では、伝統的に台湾社会で求められていた「門当戸対」（家柄の釣り合い）重視の傾向と、「男高女低」（年齢、学歴、収入、社会的地位において、夫が妻より高いこと）を求める感情が、この傾向に拍車をかけているとしている。女性の社会進出が進むなか「女高男低」を受け入れる女性（男性も）も増えているが、伝統的な価値観はなかなか変えられない。

この点は「三高」（高学歴、高収入、高身長）の男性を求めていた、かつての（いまも？）日本の女性の心理と似ている。縁結びが切実に求められるようになった時代背景として、こうしたことが指摘できる。

瓊瑤《けいよう》の赤い糸

そうした時代の移り変わりのなかで、月下老人を祀る廟が増え、赤い糸も現れるようになっていった。

目を文学作品に向けると、出版物における赤い糸（紅線）の早い用例として、瓊瑤が一九六四年に発表した恋愛小説『幾たびも夕陽は赤く』があげられる。

瓊瑤は一大ブームを巻き起こした女流小説家で、時代を象徴する人物である。一九三八年生まれの彼女がデビューしたのは一九六三年、二五歳のころだった。若い感性で書かれた彼女の作品の多くはベストセラーになり、映画化・ドラマ化された。

瓊瑤『幾たびも夕陽は赤く』

『台湾文学トップ１００』という本では、「瓊瑤が築いた王国では家庭の感情、友情と愛情などが絡み合い、衝突し、台湾の各時代における社会の真実の姿が触れられており、また表現されていた」としたうえで、一九六四から八四年までの二〇年間を「瓊瑤映画の時代」と呼んでいる。

この時代に、瓊瑤の小説が話題を呼んだのは偶然ではない。台湾の社会が変容していくなかで生まれた、時代の要請ともいうべき作品群だった。瓊瑤が時代を作ったとも、時代が瓊瑤を作ったともいえる。

『幾たびも夕陽は赤く』は、瓊瑤の恋愛小説のなかでもとくに評価が高い作品で、同年に映画化され、一九八六年にはテレビドラマ化もされた。ちなみに、中国で初めて放映された台湾のドラマでもある。

物語の前半はヒロイン・李夢竹の少女時代の話である。彼女は昆明から来た大学生で、何慕天という青年と恋をしたが、なかなか求婚されなかった。そして、夢竹は彼の妻からすでに結婚していることを知らされ、また自分が妊娠していることにも気づいた。最後は子どものために、ずっと彼女が好きだった楊明遠と結婚し、台北で暮らした――という内容である。

小説の第九章では、李夢竹と楊明遠の婚礼が描かれている。ふたりの友人の王孝城の台詞に、「夫婦の縁は前世で決められているといわれています。せっかく月下老人が結んだ赤い糸なのだから、お互いの手を離さないでください」とある。まさしく、こんにちの赤い糸と同じである。

古典文芸のなかの「赤縄」や「紅絲」ではなく、現在の台湾でよく使われている「紅線」という表記が用いられている点にも留意したい。日本では太宰の小説を通して「赤い糸」という語が広まったように、台湾では、瓊瑤の小説で「紅線」という語が広まったのではないだろうか。

小説でも漫画でも映画でも、恋愛をテーマとした作品は、女性に好まれる傾向がある。統計データがあるわけではないので正確なところはわからないが、おそらく世界的な傾向だろう。その理由について、井上泰至『恋愛小説の誕生』で、興味深い指摘がされている。

恋愛小説を「初めて不特定多数の女性読者を意識した娯楽・大衆小説」とする井上氏は、「女性の経済的・政治的参加が見込めなかった時代が長く続き、「硬派」よりも「軟派」の話題が女性読者の関心を引いたのは言うまでもないことだ」と述べている。女性の生き方が不自由な時代にあって、恋愛・結婚は、社会参加の手段のひとつだったのだ。

伊勢エビ先生

学生が教員にあだ名をつけて楽しむのは、いまもむかしも同じ。記憶をたどってみると、あだ名の印象が強すぎて、本名のほうを忘れてしまった先生もいる。

以前、学生たちと話していて、この話題になり、いくつか同僚のあだ名を教えてもらった。なかには吹き出しそうになるものもあるが、ひとごとではない。学生たちの話では、わたしのあだ名は「伊勢エビ」なのだという。腰が曲がっているわけでも、ヒゲを生やしているわけでもないのに、どうして「伊勢エビ」なのか。学生の説明はこうだ。

よくまちがえられるが、わたしの名前は「リユウヘイ」ではなく「リョウヘイ」である。そして台湾語で「龍蝦（伊勢エビ）」は「リョンヘー」という。発音すると、たしかに似ている。おまけに名字の「伊藤」も「伊勢」と字面が似ているので、このあだ名が生まれたのだそうだ（「伊藤」は「伊勢の藤原」の意味なので、まちがいでもない）。

このしゃれがきくのは、台湾語だからだ。「龍蝦」を公用語の北京語（国語）で発音すると「ロンシャー」となり、まったく通じない。

台湾人の母語は台湾語だが、植民地支配を受けていた戦前は日本語、戦後は大陸から来た国民党政府が指定した北京語が公用語だった。台湾語が、公教育の場で教えられるようになったのは、つい最近のことである。それでも、日常会話のなかに、台湾語は生きのびた。

それを思えば、台湾語であだ名をつけられるのは名誉なことなのだろう、と思ってみたりする。

縁結びのお爺さん

「定婚店」の話

台湾の中央に位置する湖・日月潭に浮かぶ小島に、月下老人を祀る廟があった。一九九九年の九二一大地震のあと、近くにある龍鳳宮に移されたのだが、その際、新たに巨大な月下老人の像が造られた。

「月下老人」といわれてピンとくる日本人はどのくらいいるだろう。台湾人なら、まず知らない人はいない神さまだが、日本での知名度はそれほどでもないと思われる。あるいは、この本を手に取ってくださった読者の方ならご存知かもしれない。ここでは、月下老人を中心に、中華圏の縁結びの神さまの紹介をしたい。

月下老人および「赤い糸」のもっとも古い例は、唐代の李復言の伝奇小説『続玄怪録』（一名、『続

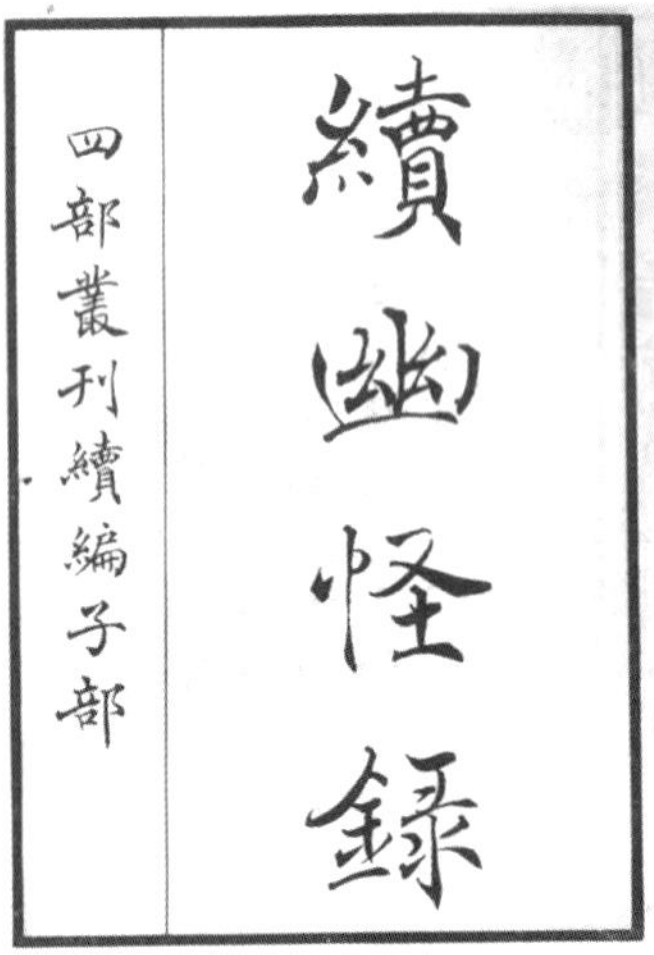

李復言『続幽怪録』

幽怪録』、元和年間＝八〇六～八二〇）所収の「定婚店」という話だとされる。

著者の李復言（七七五～八三三）は小説家であり、詩人。『続玄怪録』という本は、同じく唐代の牛僧孺『玄怪録』の続編として書かれた。もっとも、現在は南宋臨安書棚本四巻の二三話しか残されていない。同書のなかの月下老人の話を要約すると、こんな内容だ。


杜陵（現・陝西省西安市）の韋固という若者は、はやくに両親を亡くしたため結婚願望が強く、あちこちに縁談を求めたが、なかなか決まらなかった。

貞観二年（六二八年）に、清河（現・河北省邢台市）あたりを旅していた韋固は、宋城（現・河南省）の南の宿に泊まった。すると、宿泊客に、縁談を持ちかけてくる者がいる。翌朝、会う約束をしたが、韋固は待ちきれなくて、夜明け前に出かけていった。

月明かりの残る夜明けの道を歩いていた韋固は、ある老人と出会った。老人は本を読んでいて、後ろに置いてある袋には、赤い糸（原文では「赤縄子」）がいっぱい詰まっていた。韋固は老人が読んでいる本を覗き見たが、そこに書かれてあったのは見たこともない文字だった。

老人に何を読んでいるのか尋ねると、「これは冥界の書で、世の中の男女の縁組み帳だ」との答え。老人に何者かと聞くと、「あの世の者で、人々の結婚をつかさどる者だ」との答えだった。韋固は喜んで、老人に尋ねた。

「わたしは、はやく妻を迎えたいのですが、良縁に恵まれません。今日はある人と会い、縁談の相談をすることになったのですが、うまくいくでしょうか」

老人は、答えた。

「まだ、だめだ。お前の妻になる人は、いまはまだ三歳だ。彼女が一七歳になったときに、お前と結婚するのだ」

（つづく）


貞観二年（六二八年）といえば、著者・李復言が生まれる一五〇年ほど前である。おそらく当時、すでに伝説化していた話なのだろう。

人の運命をつかさどるこの老人こそ、月下老人の原型だと思われる。原文では「幽冥之人」とある。「幽冥」というと死後の世界のことだが、男女の縁組帳である「冥界の書」をめくっていたこの老人は死者ではなく、死を管理する天界の神、もしくは仙人だと思われる。

老人が読んでいた本に書かれていたのは「見たこともない文字だった」という。これはおそらく、現在も中華圏の廟でなされる扶鸞という儀式で書かれる文字のようなものだろう。

運命の人

この老人の物言いには、どこかお役所的な雰囲気がある。前例踏襲主義で融通が利かず、上が決めたことだからと責任を取らない……などと書くと罰が当たるかもしれないが、「定婚店」を載せた『続玄怪録』が成立したのが、晩唐（唐朝末期）だったことが背景にあるのだろう。世が乱れると、硬直化した官僚制度が幅を利かせるのだ。

加えて、文字、というより公文書に対する信奉も指摘できる。この話はやはり、律令制度の発達した唐の時代ならではのものなのだ。

話の紹介を続けよう。

韋固が、老人に、袋の中の赤い縄の用途を聞くと、老人はこう答えた。

「この赤い縄で、夫婦となる男女の足を生まれたときにつなぐのだ。仇敵の家だろうが、身分が隔たっていようが、辺境の地で官職に就いていようが、呉と楚ほどの異郷に住んでいようが、一度、この縄でつないでしまえばもう逃れることはできん。お前の足は、もう相手の女性とつながっている。ほかの人を探しても無駄なことじゃよ」

韋固が「わたしの妻はどこにいるのでしょう。その家は何をしていますか」と聞くと、老人は韋固を連れて、市場までその娘を見に行った。

すると、盲目の女が三歳ぐらいの子どもを抱いてやって来た。老人はその子どもを指さして、「あれがお前の妻だ」と言う。ひどくみすぼらしい子どもだったので、韋固は腹を立て、「殺してもいいですか」と尋ねると、老人は、

「この子は大出世する運命にある。それに、ふたりの間にできた子どもは、将来、大官になる。殺していいわけがあるものか」

と言い、姿を消してしまった。

しかし、韋固は小刀を使用人にあたえ、「あの子を殺したら大金をあたえる」と命ずる。翌日、使用人は袖に刀を隠して市場に入り、人混みのなかでその子を刺したが、眉間に傷をつけただけで、殺せなかった。

（つづく）


現在の縁結びの定番アイテム「縁結び帳」と「赤い糸」が出そろっている。これに「縁粉」があれば三点セットがそろうわけだが、それはまだ先のことのようだ。

留意したいのは、この老人が縁を結ぶのではなく、すでに天命によって結ばれている縁を管理しているだけだという点である。そもそも月下老人は、さほど地位が高い神ではない。

天界のなかでは、中間管理職のような立場にあると思われる。

となると、現代の月下老人に「赤い糸」を奉納する縁結び祈願も妙なことになる。運命の相手はすでに決まっていて、それが良縁とはかぎらない。嫌な相手だったとしても、神意として受け入れなければならないのだ。それならば、いったい何を願えばいいのか。

わたしは、ここに運命観の変容が見いだせると思う。これから紹介するように、「定婚店」の韋固は、避けようのない運命を受け入れたうえで、対処法を考える。それにたいして、「赤い糸」に願掛けをする現代の若者は、運命そのものを変えようとする。言い換えると、運命は過去にあるのか、未来にあるのかという問題になるのだ。

妻の素性

それにしても、いくら意に染まない相手だったとはいえ、即座に「殺してもいいですか」と言い、実際、刺客を放って殺そうとするのは、こんにちのわれわれの感情からすると違和感がある。しかも、相手は幼児なのだ。にもかかわらず、この話のなかで、主人公の韋固は、純朴な青年として描かれている。

このあたりは時代差・文化差を考慮して読まなければならない。中国の古典を読んでいると、しばしば、こうした例に行き会う。

では、話の続き――。


韋固はその後も縁談を求めたが、うまくいかないまま一四年の歳月が流れた。ただ、亡父の官位によって、韋固は相州の軍に加わることができた。

刺史の王泰は司戸の補佐になった。韋固は有能だったので、王泰は娘を嫁にやることにした。娘は歳のころ一六、七で、容姿端麗。しかし、どういうわけか、常に眉間に花飾りを貼っており、入浴のときでさえ剥がさなかった。

結婚して一年あまり経ち、韋固がこのことを聞くと、妻はさめざめと泣いて、こんな話をした。

「じつは、わたくしは郡守の姪で、娘ではないのです。かつて父は宋城の県令でしたが、任期中に亡くなり、母も兄も相次いで亡くなりました。その後、乳母の陳氏と暮らして野菜を売って生活していました。三歳のときに、市場に行ったところ、賊に刺され、その刀傷がまだ残っているので、飾りで隠しているのです」

「その陳氏という人は、目が不自由ではなかったか」

「はい。どうしてご存じなのですか」

「刺したのは、わたしなのだ」

そして、韋固は老人と出会ったことから、すべての事情を話した。そして、ふたりはますます愛し合うようになった。

やがて、ふたりのあいだに鯤という男子が生まれて雁門太守となり、太原郡の太夫人に封ぜられた。あの世の縁組み帳に書かれている運命は変えられないというのは本当だった。宋城の県令はこれを聞き、その宿を「定婚店」と名づけたのであった。


こうして、話はいちおうのハッピーエンドを迎える。とはいえ、幼いころの妻を殺そうとした事実を本人に告白する夫も夫だが、妻がそれを受け入れて「ますます愛し合うようになった」というのも、現代の感覚では理解できない。しかも、先にも述べたように、話のモードとしては、韋固は善人なのである。

共著者の陳さんにこの件についてメールで意見を聞いたところ、「現在の普通の女性視点からするとあり得ないです。人から意に沿わないことを言われて、他者の命を奪うことはとても野蛮で高慢です。殺されかけたことを知った上で相手と愛し合うことができる女性も、これは愛ですねとしか言いようがないですね」との返事だった。まぁ、それはそうだろう。

婿選びと赤い糸

中国人の思想を貫く天命思想。世のあらゆることは天によって決められていて、その運命から逃れることはできない。人の一生もまたしかり。生老病死も結婚も、すべて天が定めた運命なのだ。「赤い糸」も天命のひとつである。

「定婚店」説話以降の「赤い糸」の例を、古典のなかからいくつか紹介する。

はじめに紹介するのは、五代（九〇七〜九七九）のころの史書『開元天宝遺事』に載る話。『開元天宝遺事』は五代後周（九五一〜九六〇）の王仁裕によって綴られた史書で、唐の開元・天宝年間の宮廷内外の話を集めたものである。内容を要約すると……。

郭元振という容姿と才能に恵まれた青年がいた。宰相の張嘉貞が、自分の娘婿にしたいと、郭元振に申し出た。宰相には五人の娘がいる。宰相は、五人の娘を幕の向こう側に控えさせたうえで、それぞれ一本の赤い糸（原文では「紅絲」）を手に持たせ、郭元振がそのうちの一本を引き、当たった娘の婿にすると提案した。その提案に応じた郭元振が赤い糸を引くと、三番目の娘に当たって結婚し、のちに出世した。

故事成語「紅絲待選」（娘のための婿選び）の由来として知られる話で、また、唐代の結婚儀礼「栓紅線」（婚礼の日、新郎と新婦が赤い布の両端を持って、自分たちの部屋に入る）の由来ともなった。この儀礼には「互いの心を結びつけ、ともに白髪になるまで添い遂げる」という意味がある。また、宋代の結婚儀礼「牽紅巾」も、これに由来する。
この話の「赤い糸」は、あくまでも人間界のできごととして話が終始している。天命としての「赤い糸」ではないのだ。思うに、ふたつの故事に現れた「赤縄」と「紅絲」が、後年、混用されるようになり、ついには同一視されるようになったのではないだろうか。
さらに、時代が下って、宋詞（宋代に流行した韻文）から三例あげる。

有赤縄系足　從來相門　自然媒妁
（赤い糸が足に結ばれていて、両家の地位が釣り合っていれば、おのずと縁談が来る）
張元幹「瑞鶴仙」

赤縄結得短花茵　若非京口初相識　安得毗陵作故人
（赤い糸が短い縁をつないでくれた。もし、あのとき出会わなかったら、わたしたちは

赤の他人である）

趙長卿「鷓鴣天」

須信赤縄系足　朱衣點額終在　休歎淹徊

（足に結ぶ赤い糸を信じれば、必ず縁談が来る。気長に待ちましょう）

王之道「勝勝慢（和劉春卿有懐金溪）」

張元幹の詩は、月下老人の話の由来で、同時に当時の「門当戸対」（家柄が釣り合っていること）の考え方と一致している。趙長卿の詞は、遊女との短い縁を描写している。また、王之道の詞も、典型的な「赤い糸」の伝承とみていい。宋代（九六〇〜一二七九年）には、すでに文人のあいだで定着していたようだ。

南宋から元へ

南宋時代（一一二七〜一二七九年）には、『新編婚礼備用月老新書』（別名『宋板月老新書』）という士族用のマナー本が編纂されている。前後編各一二巻、内容は、宋代の婚礼制度、姓氏の由来、結婚に関する説話や逸話、貴族や民間婚礼の作法などをまとめたものだ。

「定婚店」の話も、巻七「婚姻故事前定類（前世によって決められた結婚の話）」の「月下撿書赤縄繫足（月下で書を確かめ、赤縄を足につなぐ）」に収録されている。

くだって元代（一二七一～一三六八年）になると、月下老人の「赤縄」が「紅線」、「紅絲」に変化した例があるが、やはり月下老人の「赤縄系（繫）足」が主な用例である。

この時代の例をひとつ挙げる。喬吉『杜牧之詩酒揚州夢』は、杜牧と張好好の物語で、男女を結びつけようとする友人の台詞に、「あなたがこの縁を求めているなら、もうほかの相手を探す必要がない」とあり、さらに「月下老人に赤い糸（原文は「紅線」）を引いてもらわないと、この良縁は続かない」ともある。

ここで用いられた「赤縄来系足」と「月老牽紅線」には「縁談は仲人の頑張り次第」との意味が含められていて、わりと現代の恋愛に近い感覚である。「赤い糸」の用いられ方も、現代に近い。

高明の『琵琶記』（散逸した脚本を集めた本）には、漢代の書生・蔡伯邑と、妻の趙五娘にまつわる物語があるが、その第一四幕

著者不詳『新編婚禮備用月老新書』

「金閨愁配」に、「良縁は天がくださったものだが、人の意思を無視するのは良くない。わたしたちは赤縄で結ばれていないから、結婚するべきではない。父のやり方は横暴すぎる」という台詞がある。

同じく、第一八幕「強就鸞鳳（無理やり結婚させる）」にも「彼は憂い顔をしているが、赤い糸（原文では「赤縄」）はすでに夫婦の足につながれている」という台詞がある。

「赤い糸」と同じく男女の縁を表す言葉「紅葉伝情」は、宋代の劉斧の伝奇小説『青瑣高議』所収の「紅流記」にある。以下、要約。

唐の時代に、於祐という読書人がいた。ある日、於祐が宮殿の外を散歩していたところ、川上から紅葉の葉が流れてきた。見ると、葉に詩が書いてある。それは、とても美しく悲しい詩だった。きっと宮女が作ったのだろうと考え、於祐も紅葉の葉に詩を書いて、宮殿内に流れこむ川に流した。

その後、宮女たちがお払い箱になって、宮殿から出された。於祐の友人が於祐に元宮女の韓氏との縁談話を持ちかけ、二人は結婚した。

ある日、韓氏が於祐の本棚にある紅葉を見て驚き、於祐に訳を聞いた。そして韓氏も於祐が詩を書いた紅葉を出し、二人は紅葉によって結ばれた縁だと感動しあった。

この故事によって「紅葉伝情」は、天命によって定められた男女の縁の代名詞となった。中国の古典文芸では、男女の運命を表す故事成語として「赤縄繫足」、「紅絲待選」、「紅葉題詩」の三つを併用している例が多く見られる。

「赤い糸」の中国文学史

明代の赤い糸と結婚事情

中国史は四千年、台湾史は四百年——台湾島に漢民族が移住したのは一六六一年に、鄭成功がオランダを駆逐して領有して以降になる。もっとも、それ以前からマレー・ポリネシア系の先住民族が住んでいたのだが。

鄭成功は、明の遺臣（先代の王朝に仕えていた家臣）である。明はすでに滅亡していたが、台湾に亡命政権を建てて、大陸の清朝に対抗していた。四大月下老人の大天后宮と武廟が創建されたのもこの時期。台湾が中国史に組み込まれるのは、明代以降である。

明代（一三六八〜一六四四）になると、戯曲や小説などによって、月下老人と赤縄の話が民間にも広まっていった。台湾に漢民族が移住し、中華圏に取り込まれるのもこのころで、この本のテーマに関わるのもここからである。

たとえば、おなじみの『西遊記』（一六世紀）には、女人国の王が三蔵法師を気に入って、婿にしようとする話があるが、そのときの台詞に「結婚には、紅葉の取り合わせと、月下老人が赤い糸を結ぶ必要がある」とある。この「紅葉」、「月下老人」は仲人のことだろうか。女人国という架空の国でも、仲人なしに縁談を進めることはできないようだ。

次に紹介するのは、馮夢龍の短編小説集『警世通言』（一六二四年）の第二話で、当時の人の結婚観がよくわかる。省略したが、冒頭に「夫婦とは、たとえ腰を赤い紐で結び、足を赤い縄で結んだとしても、結局は離れることも結ばれることもある」という一節がある。話の内容ともども、皮肉な言葉である。

仙術を得た荘子は、墓場で、夫を亡くした女と出会った。女は、扇子で真新しい墓の土を乾かしている。荘子が理由を聞くと、女はこう答えた。

「亡夫が、再婚するなら墓の土が乾いたあとにしてほしいという遺言を残したのですが、なかなか乾かないので、あおいでいるのです」

荘子は女性の手伝いをしながらも、夫が亡くなって間もないのに、再婚を急ぐ女の態度をよく思わなかった。帰宅後、荘子がその女の話をすると、妻は、

警世通言

自昔博洽鴻儒兼採稗官野史而通俗演義一種尤
便於下里之耳目奈射利者而取淫詞大傷雅道本
坊恥之茲刻出自平平閣主人手授非警世勸俗之
語不敢濫入庶幾木鐸老人之遺意或亦士君
不棄也
金陵兼善堂謹識

馮夢龍『警世通言』

「わたしでしたら、けっして再婚などしません。すべての女性をその女と同じように思わないでください」

と言った。荘子はその言葉を信じなかったが、話を切り上げた。

数日後、重病にかかった荘子は、妻を試すため、死んだふりをした。すると、妻が服喪中にある美男子を好きになり、結婚しようとした。やがて荘子が甦《よみがえ》った。妻は美男子が荘子の仙術だったこと知り、恥ずかしさのあまりに自害した。そして荘子は老子に従い、仙人になったという。

夫婦の縁は……

妻の行動を、いちがいに責めることはできない。結婚には、生活の手段としての側面があるのだ。恋愛結婚がよしとされる現代でも、男やもめに後妻を勧めるのは、家事など身の回りの世話をする女性が必要だからであり、未亡人に後夫を勧めるのは、生活を安定させるために男性の収入が必要だからである。また、親が未婚の息子・娘の心配をするのも、将来の生活難を危惧してのことである。結婚と就職はきわめて近い関係にある。

同じく明代の馮夢龍の『醒世恒言』（一六二七年）巻七「銭秀才錯占鳳凰儔」は、貧しい書生の銭青と富商の娘の秋芳との物語である。

富商・高賛の娘・秋芳は、才色兼備の女性だった。高賛は、娘の婿は美男子で才学のある人にしようと決めていた。

あるとき、顔俊という醜い金持ちが秋芳を騙して娶《めと》ろうと考え、貧しい従兄弟の銭青に代役を頼んだ。高賛は銭青と意気投合して、快く婚約を認めた。しかし新婦を新婦の実家から迎えるという条件があるため、顔俊は嘘がばれるのを恐れ、結婚当日の新婦の迎えも銭青に新郎役をお願いした。

しかし、新婦迎えの日に大雪が降り、新婦の家で立ち往生をした。結局、その場で婚儀を進め、大雪が止むまでふたりは同じ部屋にいた。その後、顔俊がそれを知り、銭青を裏切り者と罵ったことで、高賛のたくらみを知った。最後に顔俊は報いを受け、銭青と秋芳は本当の夫婦となった。

この話にも、「いにしえから、結婚とは定められていたものであり、赤い糸は他人の意思で切れるものではない」という一節がある。縁がなければ、無理に合わせても無駄なのだ。

また、婚約を結ぶ場面には、「美貌才学があると、高額の聘礼がなくても、この縁談はすでに結ばれている」という言葉もあり、ここでの赤縄は縁談を指している。

同じ本の巻二八「呉衙内鄰舟赴約」は二話構成になっていて、ふたつの物語をつなぐ文章に、「五百年前に夫婦になったのなら、月下老人の赤い糸が足に結ばれている。忍ぶ仲も公認の仲も前世の因縁によるもので、その人の品性は損なわれない」とある。「公認の仲」はともかく「忍ぶ仲」（要するに、不倫だ）までをも「前世の因縁」とし、いずれの場合でも「品性は損なわれない」とするのは、スキャンダルを起こしたこんにちの芸能人にはよい援護になるだろう。

凌濛初『初刻拍案驚奇』（一六二七年）は馮夢龍の『警世通言』の影響を受けて書かれた。内容は唐代以降の伝奇小説を参考にしたもので、主に因果応報や結婚についての話が多い。この時代、すでに「定婚店」は古典になっていた。

巻五は、唐代が舞台の恋愛物語である。内容は略するが、冒頭から「詩によれば、結婚は宿縁。月下老人は宿縁で縄を結び、相手を間違えることもなければ、時期も決まっている」、「結婚は前々から決められていたことで、月下老人によって赤い縄で結ばれている。どんなに離れていても、結局は結ばれる」など、初めから夫婦の縁は運命で決められていることが強調されている。

こうしたストーリーを追っていて浮かび上がってくるのは、運命の力の強さ・不思議さもさることながら、それに向き合う男女の心の動きである。運命を運命として認めたうえで、それを受け入れるか、それとも抗《あらが》うか。そこに描かれた葛藤は、まさしく近代小説の萌芽といって過言のないものであった。

赤い糸の物語

唐代と明代とでは七〜八〇〇年ほどの時代の開きがあるが、古典として恋愛物語は伝わり、同時に、月下老人と「赤い糸」の俗信も伝えられていった。

張景『飛丸記』は、運命の男女が、詩をしたためた恋文を丸めて投げて愛を交わすロマンチックな話。その仲立ちとなったのは、土地公だった。

土地公というのは、土地の守り神のことで、福徳正神、城隍神とも呼ばれる。台湾でも土地公を祀った廟はどの地方に行っても見られる。それも祠という表現がふさわしい小さなものが多く、友人の台湾人は「日本のお地蔵さまみたいなもの」だと話していた。もっとも庶民的な神さまだ。傍祭神として、祀られていることも多い。

あまり縁結びとは関連がないようにも思われるが、媽祖がそうであるように、庶民信仰の

龍山寺（台北）の媽祖

神さまは、往々にして何でも屋になる傾向がある。土地公が男女の仲立ちとなったのには、そうした事情があったのだろう。

　余談だが、土地公は商売の神とも見なされていて、この点、日本の稲荷信仰と来歴が似ている。もともとの稲荷はその名のとおり農業神だったが、やがて地域に根づいて土地の神となり、都市文化のなかで商業神となったのち、何でも屋の神さまになった。最近、日本の伏見稲荷神社を縁結びの神として紹介しているサイトを見つけたが、信仰の広がりとともに、神格も多様になっていくのはひとつの傾向であるようだ。

　話を戻すと、『飛丸記』の第一幕「梨園鼓吹」には、「月下老人の赤い糸（原文は「赤縄」）が良縁をつなぐ。飛丸による良縁は、紅葉伝情のように、前世によって決められたことだ」とある。第二七幕「月下傷懐」では、ふたりが婚約をしたのち、玉英が弘器を思い出す場面で「月下老人の赤い糸（原文は「紅絲」）は今生で結ばれた」とあり、ふたりの縁は月下老人がつないだと感謝している。第三幕「巹合飛丸」の婚儀の場面では「仲人は必ずしも必要ではない、すべては前世の縁である。赤い糸（原文は「赤縄」）で足が結ばれていれば一生逃れられない。末永く縁が続いていくことを願っている」とある。

張四維『双烈記』は、韓世忠と妻の梁紅玉の物語。韓世忠は才学武芸に秀でた美青年。梁紅玉は武家の娘で、才色兼備。中国の恋愛物語に多い美男美女のカップルだ。これがそのまま結ばれればめでたしめでたしなのだが、それでは物語にならない。ヒロインの家は戦で没落し、紅玉も官妓にされてしまう。そんな彼女が、新年の宴会で貧しい兵士だった韓世忠と出会って恋に落ち……という展開になる。このあと、将軍に出

土地公（筆者宅にて撮影）

世した世忠が紅玉を娶《めと》ったのち、ふたりでともに戦場に行き、功績を上げる。同書の第一二幕「就婚」にも「男女の縁は天によって、月下老人によって決められたものである。千里離れていても、糸（原文は「線」）はつながっている」という一節がある。

いわゆる「物語」は、一定の型を持った言説のことを指し、欠損から充足に向かうのが原則となる。先の話を例にすると、初登場の時点の青年が貧しかったこと、家が没落した娘が官妓になることが、欠損の状態ということになる。ストーリーの進行とともにその欠損は補われていき、最後は、すべてが充足したハッピーエンドとなる。物語とは常に型にはまったものなのだ。だから、運命論的な物言いがストーリーの途上でなされることが多い。「赤い糸」もその一例である。

運命は守るべきもの

沈受先『三元記』は、秦太師の娘、雪梅の恋愛物語。内容は省略するが、ここでも「赤い糸（原文は「赤縄」）の結びつきは前世に決められたこととされている。月下老人の縁組みは宿世の縁」という台詞がある。

こうした例を紹介していると、天が決めた運命に従う、受動的な男女（とくに女性）の姿が思い浮かべられるが、なかには、能動的に運命を選ぼうとするケースもある。

孔尚任の『桃花扇』は、文人と名妓の悲恋物語で、明清時代の劇の傑作とされる。舞台は、明末の動乱期だが、そんななかにも、恋は芽生える。意中の男性と添い遂げられなかった娘が、べつの男のもとに嫁ぐのを拒み、自害しようとする場面の台詞に、次のようにある
――「わたしたちは、赤い糸によって固く結ばれています。たとえ、どんなにお金を積まれても、気持ちは揺るぎません」。

ここに描かれている女性の姿は、凛としていて力強い。運命は天からあたえられたものだが、それを守るのは自分であるという強い意思がある。

運命を受け入れながらも、自立した女性の姿は、ほかの作品にも描かれている。

陳忱の『水滸後伝』は、羅貫中の『水滸伝』の続編として書かれた。架空の島国を舞台にした英雄物語である。このなかに、首都も包囲されて窮地に追い込まれた姫が、城壁の上に立って、李俊という武将の軍隊を眺める場面がある。さながらジャンヌ・ダルクのようだ。

そこで姫は、凛々しい敵軍の貴公子に一目ぼれをして、みずから和睦の案について示した。李俊らが和睦の案を相談していたところ、軍師が「このふたりはとってもお似合いで、姫の婿になると、きっと出世するでしょう。しかもこの良縁は月下老人が赤い糸（原文は「赤縄」）で結んだもので、疑う余地がありません」と言い、和睦に賛成の意を表している。

『児女英雄伝』ポスター

この話でも、男性を見染めたのは姫のほうだ。それが天からあたえられた運命だったとしても、包囲する敵軍の前に身をさらし、和睦の案を提示する彼女の行動には、みずからの意思で道を切り開こうとするたくましさがある。

勇ましい女性の話といえば、文康『児女英雄伝』は、女侠客・十三妹（本名は何玉鳳）の物語である。武勇に優れた彼女は、山賊に捕まった美青年を助けだした。それだけでなく、山賊たちを掃討し、やはり捕まっていたべつの男とその娘をも救いだす。青年と娘がお似合いだと思った彼女はふたりのキューピッド役を買って出るのだが、その際、こんな台詞を吐く（「張氏」は娘、「安公子」は青年の名）。

「張氏はとても聡明な娘で、安公子も才色兼備の人だから、わたしがこっそり、ふたりの月下老人になりましょう。ただ、安公子と話をするときは気をつけたほうがいいわ。気性がまっすぐな男性なので、話し合わなかったら怒るかもしれない。ふたりの赤い糸を結ぶ前に、喧嘩になるのはよくないでしょ」。

ここでは、女性が「月下老人」になって「赤い糸」を結んであげると言っている。比喩として使っているのだが、運命が人間の手に移ったのだともいえる。

さて、明が滅亡したあと、清が大陸を支配した。台湾島の鄭氏政権も一六八三年に滅び、清が統治することになった。清代にも月下老人と「赤い糸」をめぐる恋愛物語が多く現れた。

清の時代の赤い糸

蒲松齢(一六四〇~一七一五)の『聊斎誌異』(一八世紀)は、民間に伝わる口碑を集めたもの。そのなかの一編「柳生」はこんな話だ。

観相術に長けていた柳生は、友人の周生の人生を占う。占いは的中し、周は妻を亡くし、一家は衰退した。そこで再婚について占ってもらうと、柳は、周が出会った乞食のような男の娘と結婚する運命だと言った。周は怒ってしまい、信じなかった。

その後いくつかの出来事があったが、柳は、これらはすべて良縁を得るために必要なことだと言った。

ある日、匪賊にさらわれた周は、脅されて、賊の頭の娘と結婚した。やがて役人が匪賊らを捕えて、ふたりは救出された。のちに、妻が例の乞食のような男の娘だったことを聞き、以降、周は商売を始め、一家は再び繁栄したという。

柳の台詞に「君の再婚相手を探しまわっていたのだが、やっと今日見つかった。さっきは月下老人に赤い糸（原文は「赤縄」）を結んでもらうために、術をかけてたんだ」とあるが、「定婚店」の話とプロットがよく似ている。月下老人の説話は、さまざまな派生形を生みながら、広まっていったようだ。

曹雪芹『紅楼夢』（一八世紀）は、中国四大伝奇の一つで、恋愛小説の決定版である。現代でも何度も舞台化・映画化されていて、ゲームにもなっている。台湾での知名度もきわめて高い。ここでも月下老人と「赤い糸」が出てくる――「古人いわく、「千里の縁は一本の線でつながれている」と。夫婦の縁を決める月下老人がいて、こっそり赤い糸でふたりの足をつないでいくのだ」（第五七回）。

『紅楼夢』で描かれたのは上流家庭の男女の恋模様で、庶民のあこがれの的だったが、貧富に関係なく、運命の赤い糸には逆らえないものなのだ。

洪昇『長生殿』は楊貴妃と唐の玄宗の物語。男女間の愛が言葉豊かに描写されている。第一八幕「夜怨」は、唐の玄宗が罰を受けている楊貴妃に会い、やきもちを焼いているところに、下女が彼女に、「楊貴妃の処罰を取り消そうと勧めたら、玄宗も喜ぶでしょう」と提案したが、彼女は「彼は自分で何とかするでしょう。わたしがよけいなことをしたら、逆に嫌われてしまいます」と答えた。ここでの赤い糸は、玄宗と楊貴妃の仲を指していて、男女の縁としての解釈もできる。

『紅楼夢図詠』より黛玉

程登吉『幼学瓊林』は明代末に作られた読みもので、教科書として広く使われていた。そのなかの「婚姻」では「韋固と老人の月の下でのやりとり以来、人々は赤縄で足がつながれている」とあり、子どものころから、この知識が刷り込まれていたことがわかる。

清朝末期に成立した小説、劉鶚『老残遊記』（一九〇三〜七年）の第十七回では、西湖（浙江省杭州市）の「月老祠」に関する記述がある。二〇世紀初頭の中国には、月下老人を民間信仰の神として祀る習慣があったのだ。

以上、駆け足でふり返ってみたが、このようにして、月下老人信仰、および赤い糸の俗信の生まれる下地が整えられていったことがわかる。

縁を結ぶ神さまたち

月下老人の日本出張

くりかえしになるが、中華圏には「結婚相手との縁は天が定めたもの」という考え方がある。伝統的な天命思想にもとづくものだ。天命思想を反映した話は多く、月下老人の「定婚店」説話もそのひとつである。

日本の昔話にも天命思想にもとづく話がある。「産神《うぶがみ》問答」と呼ばれる話で、ふしぎな老人（じつは仙人）から、偶然、運命（子どもや自分の寿命など）を聞いた男が、その運命を何とか変えようとする内容だ。その試みは、成功することも失敗することもある。バリエーションはいろいろあって、「炭焼きの子」、「虻と手斧《ちょうな》」、「水の神の寿命」、「王位の約束」、「夫婦の因縁」などの話型に分けられる。

このうち「夫婦の因縁」という型の話が「定婚店」とそっくりである。『日本昔話事典』から引用すると……。

⑴若い男がたまたま堂に泊っていると、神・仏が寄り合って、夫婦の縁を決めている。

⑵耳をすまして聞くと、自分自身の女房は、今夜生まれた女の子だと話している。

⑶男はびっくりして20歳も年下の女ではたいへんだと、その女の子の生まれた家を訪ねて、咽喉口に小刀を突き刺して殺す。

⑷20年近くたってから、男はきれいな娘に出合い、これを女房に迎える。

⑸夫婦の床入りに、女房の傷をとがめると、10余年前に誕生の夜に受けた傷だと答える。

⑹男は、この女房が、かつて自分が殺害したはずの女の子の成長した姿であることを知る。


月下老人の話は、日本の民間信仰としては根づかなかった。しかし、「定婚店」の話は、形を変えて伝わっていたようだ。

さて、前に書いたように、現代の台湾における縁結びは、月下老人を祀っている廟にお参りすることと、赤い糸をもらうこと、そして月下老人に祈願文を捧げることが中心となっている。呉宜臻『牽紅線儀式——以宜蘭久天宮為例』で紹介されているように、儀式を通して縁結びをする所もあるが、少ない。

近年では、月下老人その他の縁結びで有名な廟で「月老專線（縁結びの会）」を催しているところもある。廟のボランティアたちによって結成された会で、定期的にお見合いや交流

月下老人の静岡出張

会を開催している。なお、台北の霞海城隍廟の月下老人は二〇一四年から年一回の沖縄出張、二〇一六年からは年一回の静岡出張をしている。

どうして月下老人の信仰はかくも強固なのか。この点について、江源氏は「月下老人信仰には父権と君権を維持し、強固にする作用がある。この作用があるがゆえに、月下老人は民間信仰神として存続している」と説明している。現実世界の婚姻制度における仲人の地位の高さが、月下老人信仰を支えているというわけである。

さて、現在、台湾での縁結びの神は月下老人が主流であるが、そのほかにも縁結びの神は存在している。燕仁の『中国民間俗神』をもとに、以下に簡単に紹介する。

女媧《じょか》と、嫦娥《じょうが》

古代中国の神々には、人面獣身、もしくは獣面人身の姿のものが多い。先入観がなければ

『離騒図』（清朝時代）より、女媧

怪物にしか見えないが、原初的な神の姿の多くはこうだった。世界各地の古代の神々には、こうした半人半獣の姿のものが多い。

人間を作ったとされる女媧という女神も、人面獣身の姿をしている。頭は人間の女性で、首から下が蛇なのだ。

神話では、女媧が泥をこねて創ったのが人間だとされている（手がないのにどうやってこねたのだろう？）。後漢の『風俗通義』という本によると、最初のうちのていねいに創っていたものが高貴な人になり、大量に創りだしたときのものが平凡な人になったのだという。

女媧は、伏羲という男神の妻、もしくは妹だったといわれ（あるいは、妻であり妹でもあったとも）、一緒に人間を創ったとする神話もある。中国で最も長く信仰された始祖神である。伏羲と女媧の関係は、日本のイザナキとイザナミのそれに似ている。

神話によると、女媧は、人類を永

続させるために、男と女を結婚させて、子を産み育てさせたのだという。ここから女媧は結婚と出産の神とされ、ついには縁結びの神ともされるにいたった。ただ、台湾では女媧を祀った廟は少ない。

台湾では豊浜郷（花蓮県）の女媧娘娘廟と、壯囲郷（宜蘭県）の大福補天宮で、女媧が主祭神として祀られている。いずれも東海岸なので少し行きにくいが、そのぶんご利益もありそうだ。

人類創生の神話と同じく普遍的なのが、月を崇拝する信仰である。イメージもほぼ共通していて、男性的な太陽神にくらべて、月神には女性的なイメージがある。月の満ち欠けに月経との関連を見出したり、また、妊婦のお腹の膨らみにたとえたりする。そこから、中華圏では、太陽＝陽、月＝陰とされている。

月から地上に来た女性というと、『竹取物語』のかぐや姫だが、反対に、地上から月に行ったのが、嫦娥という女性だ。

さまざまなバリエーションがあるが、よく知られた話では、嫦娥は、后羿（弓の名手）の妻で、夫が西王母（仙女）からもらった不老不死の霊薬をこっそり飲んで月に逃げ、以降、月宮殿で暮らすことになったという。月ではヒキガエルの姿に変えさせられたとも。また、異伝によると、月に昇った嫦娥を偲んで夫の后羿が始めたのが、月見の始まりともいう。

かぐや姫も、人間界に降りる前は月宮殿に住んでいたという。また、かぐや姫が人間界に降りたのも、何らかの罪を犯してのことだというから、嫦娥との関わりが見られる。ちなみに、月宮殿に住む桂男も、仙術を学んだ罪で月に飛ばされたという。どうも、月と罪は結びつけられやすいようだ。

嫦娥には、ほかに月宮、月光菩薩、月宮娘娘、太陰星君、太陰娘娘などの呼称がある。未婚の男女が結婚に対する悩みや気持ちを託すなど、漢民族には馴染み深い神さまである。また、子宝の神ともされている。現代でも、元宵節や中秋節に月見をし、月光を浴びると子宝に恵まれるという言い伝えが残されていて、関連が見出せる。

夫と別れて暮らしているからなのか、嫦娥を祀る廟は少ない。台湾では、基隆市の代明宮、高雄市の玉皇宮などに旁祭神として祀られている。

牛郎織女と、七星娘娘

中国の縁結びの神さまのなかでも、日本人に馴染み深いのは牛郎織女、いわゆる彦星と織姫で、四大民間故事のひとつとされる（あとの三つは「孟姜女」、「梁祝伝説」、「白蛇伝」だが、日本での知名度はいまいち）。

有名な話だが、念のため紹介すると――むかし、牛飼いの青年と機織りの娘が恋に落ち、結ばれることになった。ふたりとも働き者だったので、天帝も祝福した。けれども、夫婦生活を楽しむうち、ふたりはいつしか仕事を怠けるようになった。怒った天帝は、天の川を隔てた両岸に、ふたりを引き離した。ただ、年に一度の七夕の日だけ、天の川に架かる鵲《かささぎ》の羽の橋を渡って会いに行けるという――。

星宿信仰における星宿（星座）の神格化＝人格化による話である。牽牛星（わし座のアルタイル）と織姫星（こと座のベガ）が、天の川を挟んで相対していていることから、ロマンスを思い描いたのだろう。

織姫星は「天孫」とも呼ばれる。天帝の孫娘（娘という説もある）の意味である。春秋時代の詩にはすでに牽牛星と織姫星の記載があったが、初出は漢の『古詩十九首』の「迢迢牽牛星」である。現在の我々が知っている伝説は殷芸の『小説』に拠る。

先ほど紹介したのは日本で一般的に知られている話だが、中国の民間伝承には異伝も多い。とくに京劇『天河配』の影響が強いようだ。『天河配』では、牽牛郎は人間の青年とされていて、ストーリーも複雑である。

中国の民間伝承では旧暦の七月七日に牛郎と織女を祀り、これを「七巧節」または「乞巧節」と呼ぶ。最古の例は春秋戦国時代までさかのぼれる。女性が供物を用意して、手芸の上達や富貴、縁結びなどの願いを捧げる。

ただ、恋人の代名詞にされているわりには、台湾では、牛郎織女を祀った廟は少ない。縁を裂かれたままだから、縁結びには不向きということだろうか。台湾では、水林郷（雲林県）の七星宮が、牛郎織女を主祭神とした唯一の廟で、そのほかには、石門郷（新北市）の情人廟や、北投区（台北市）照明宮で、牛郎織女が旁祭神として祀られている。

そうしたなか、「四大月下老人」のひとつ、大天后宮（77ページ）は、二〇一七年に、牛郎織女の香爐を設置した。こうした信仰の混淆は、今後、さらに増えていくだろう。

日本では仙台の七夕祭りが有名で、海外からの観光客も多い。台南市と仙台市は姉妹都市なので、仙台の七夕が台南に出張したりしている。そのうち、台南の七夕フェスティバルに牛

武廟（台南）の月下老人の香炉　牛郎織女がモチーフになっている

郎織女の縁結びが取り込まれる日が来るかもしれない。

ところで、台湾には、織姫の姉とされる七星娘娘（七仙媽、七仙姑、天仙娘娘とも）を祀る廟もある。

七星娘娘は、婦女と子どもの守護神である。台湾の民間伝承によると、毎年の七夕に、七星娘媽が未婚の男女の名簿を上天に呈し、月下老人はその名簿をもらい、人々の性格や趣味などによって縁組み帳を編むという。こう書くと、月下老人の秘書のようだが、七星娘媽は天帝の孫娘（もしくは娘）なのだから、格のちがいは大きい。

ともかくも、この民間伝承により、七星娘娘の縁結びと関連づけられた。子どもの守護神の延長として、縁結びの神としても信仰されているのだ。また、針と糸を奉納すると、裁縫が上手になるともいう。

七星娘娘は、台中市の楽成宮と、台南市の開隆宮で主祭神として祀られている。開隆宮は台南の市街地にあるので、四大月下老人の廟と一緒に参拝してみてはいかがだろう。

和合二仙と、泗州大聖

意外な神さまが、縁結びのご利益があるとされている例もある。

和合二仙は、日本では、寒山《かんざん》と拾得《じっとく》という名で知られる二体の神である。もとは中国の禅宗の僧侶で、奇行で知られる。実在したとする説と、架空の人物だとする説がある。風狂なふるまいをする僧の伝説は、日本でも一休、仙厓、良寛など例が多い。

新北市の月老和合二仙廟

　この神様は「寒山拾得図」といって禅画の題材になっているので、掛け軸などで見た方も多いのではないだろうか（わたしの家にもあった）。ぼさぼさの髪にボロ服を着たふたりの男が、にこやかに笑っている図なのだが、子ども心に気味が悪いと思ったものだ。また、森鷗外の短編小説に「寒山拾得」があるので、そちらで記憶している方もいるかもしれない。唐突なラストで、何とも奇妙な読後感を残す作品だ。

　寒山と拾得がなぜ縁結びの神になったかと

いうと、こういう言われがある――むかし、寒山と拾得は同じ村に住んでいて、兄弟のように仲が良かった。やがて寒山と拾得は同じ女性を好きになった。寒山は、女性との婚礼の話が進めていたが、拾得の気持ちを知って女性との縁談を破棄し、出家した。拾得もまた、寒山の跡を追って一緒に出家した。

後世の人は、仲が良いこのふたりを「和合二仙」として祀るようになった。「和合」とは仲よく力を合わせるという意味。当初は家庭円満、平安幸福の神として祀られ、やがて夫婦の仲を良くする神となった、というわけだ。

しかし、寒山拾得の話では、とくに男女が結ばれるわけではない。むしろそうした俗世からの逸脱を志向している。いかに仲が良いとはいえ、このふたりが縁結びの神とされるのは、わたしには解《げ》せない。

台湾では、石碇郷（新北市）の月老和合二仙殿や、元長郷（雲林県）の慈済宮、嘉義市の朱子公廟などで、旁祭神として祀られている。

お防さんつながりでいうと、泗州大聖（僧伽）も、縁結びの神として知られる。台湾では、嘉義県中埔郷湾潭村に祀られている。

泗州大聖の話は広州、福建一帯に伝承されている。子ども向けの読みものにもなっていて、台湾でも知名度が高い。内容は――恵安県と晋江県の境にある洛陽江は流れが急で、なかなか橋を架けられないでいた。ある日、白髪の翁と絶世の美女が乗った船が河の真ん中に止まった。翁は「娘に銭を投げて、当たった人に娶《めと》らせよう」と言った。それで大勢の人々が集まったが、なかなか当たらず、たくさんの銭が河に落ちた。何か月かあと、河の底が銭でいっぱいになり、橋の基礎となった。じつは、翁は土地公（土地の神）、娘は観音で、橋を架けさせるために来たのだった。完成間近に、泗州のある人が知恵を絞って、娘に銭を当てた。翁は「約束は守る」と言って涼亭に誘い、観音が彼の魂を西天に連れて行き、肉体だけが涼亭に残された。以来、この泗州の人は神となった。

べつの伝説によると、泗州大聖は若い男女の理解者だという。恋愛の悩みがあるとき、泗州大聖の像の後頭部を少し削って、その粉をこっそり相手の体にかけたら願いごとが成就するという呪《まじな》いもある。そのため、泗州大聖の像を祀っている廟では、いつも神像の後頭部を直さなければならないともいう。縁結びの神が老人であるという点に、月下老人との共通点が見いだせて面白い。

女性の一生と神さま

この節では、縁結びの神さまをいろいろ紹介してきた。ただ、何をもって「縁結び」というのかは、定義が難しい。それは恋愛の定義の難しさでもある。

たとえば、日本統治時代の詩人・連横の『雅言』という本には、水手爺という神さまの話が載っていて、これも縁結びの神さまといえばいえるが、現在ではほとんど知られていない。「水手」は「水夫」のことなので「水手爺」を直訳すれば「セーラーお爺さん」となるが、伝承によると、南鯤鯓王代天府に仕える水夫だという。神格としては低いほうだと思われる。南鯤鯓代天府は、台南市郊外にある寺院だ。それがどういうわけか、妓院（遊郭）で信仰されるにいたった。

遊郭では、水手爺に唱えごとをして、千客万来を願ったというから、男女の情愛の神であるのにちがいはない。しかし、遊郭での男女の営みを恋愛といってよいかという点については、意見が分かれるだろう。

さて、最後に、縁結びではないが、子宝・安産の神さまを紹介しよう。たとえば先ほど、縁結びの神さまとして紹介した七星娘娘や、註生娘娘などがそうだ。縁結びの神さまは自由恋愛の時代の産物で、古い時代の価値観とはあまり合わない。それにたいして、イエの安泰と永続に結びつく子宝・安産の神さまの起源は、それよりもずっと古い。

臨水夫人は、俗名を陳靖姑という女性だった。唐代（一〇世紀）、福建省の人とされる。伝説によると、旱魃のおり、妊娠中の彼女はみずから堕胎して雨乞いをした。見事、雨は降ったものの、彼女自身は命を落とした。その後、彼女は仙人になり、臨水夫人として廟に祀られるようになった。神名の由来は、陳靖姑の故郷・臨水郷による。

清代から盛んに信仰されるようになった神さまで、福建省に臨水夫人を祀った廟が多い。台湾も以前は福建省の一部だったので、臨水夫人廟がある。台南では、臨水夫人媽廟という大きな廟があり、崇敬を集めている。台南駅から、徒歩一五分ほどで行ける場所なので、縁結び祈願がかなったら、そちらに参拝してはいかがだろうか。

ちなみに、わたしが勤務している南台科技大学の正門前にある姑婆廟も、臨水夫人を主祭神として祀っている。子宝・安産のほかに、婦人病にもご利益があるそうだ。傍祭神の註生娘娘も子宝・安産の神で、台湾でよく信仰されている。台南駅からはタクシーで一〇分ほどなので、お時間があればどうぞ……といいたいところだが、この廟には妙な噂がある。

複数の学生から聞いたのだが、この姑婆廟に参拝したカップルは、まもなく別れてしまうという。その理由を説明してくれた学生はいなかったが、かなり根強く信じられている噂のようだ。おそらくは、母親になれずに世を去った臨水夫人の来歴が関係しているのだろう。

なお、台南の開基玉皇宮は、悪い姻縁を切るご利益があることで知られている。日本でいえば、縁切寺といったところか。恋愛スポットとは反対の、縁切りスポットとでも呼べそうな場所は日本にもある。井の頭公園に行ったカップルが別れるというのはよく知られている

断縁（縁切り）師祖（新北市・月老和合二仙廟）

ところだろう。

わたしたちが出雲の恋愛スポット巡りをしていたとき、ある神社に、縁切りの絵馬が奉納されていた。何か特定の書式があるようで、複数、同様の絵馬があって、寒々とした印象を受けた。結ぶにしろ切るにしろ、縁というのはふしぎなものだと思う。

夫婦と名字

例の夫婦別姓問題、選択制にすることで解決するかと思われたが、まだ長引きそうだ。

世界的に見ると、夫婦は別姓のほうが多いようで、台湾（漢民族）でも基本的には別姓だ。だいたい、子どもは父親の姓を名乗り、母親だけ姓が違う。それで母子の絆が薄れるというものでもない。要は、慣れの問題ということ。

わたし自身は、名字そのものを廃止するのが根本的な解決策だと思っているが（実際に、名字を持たない民族もいる）、それではわかりにくいというのならば、結婚したときに双方の名字をくっつけて新しい名字を作るのはどうだろう。

たとえば、山田さんと佐藤さんが結婚したら、一文字ずつ取って「山藤」さんという名字になる。その山藤さんちの子が中村さんと結婚したら「山村」さんになる……というふうにする。どの字を使うか、どちらの字を上に持ってくるかは話し合いで決めればいい。だから山藤＋中村で、「山村」でも「山中」でも「中山」でも「藤村」でも「村山」でもいい。妙案だと思うのだが、いかがだろうか。

これは、台湾の「冠姓（複合姓）」という制度から思いついた発想である。文字どおり、結婚した際に双方の姓をくっつけて新しい姓を作るのだ。わたしの知人にも「張簡」さん（張＋簡）、「楊林」さん（楊＋林）、「范姜」さん（范＋姜）、「殷邱」さん（殷＋邱）などがいる。

台湾の冠姓は選択制である。法律上は、夫婦は別姓、もしくは冠姓を義務づけられていて、同姓という選択肢はない（もっとも、いまは冠姓を名乗る人は少ないが）。意外と知らない、結婚と名字の話、参考までに。

恋愛が許されなかった時代

父母の命、媒酌の言

いまの日本でも、仲人のことを「月下氷人《なこうど》」と書くことがある。「月下」はもちろん「月下老人」による。では、「氷人」とは何のことかというと、こんな由来がある。『晋書』に載る話だ。

あるところに、索紞という高名な占い師がいた。その占い師のもとを孤策という人が訪ね、こう尋ねた。

「先日、氷の上にわたしが立っていて、氷の下の人と話をするという夢を見たのですが、どういう意味があるのでしょう」

占い師は答えた。

「氷の上と下は、陰と陽を指します。その夢は、近々、あなたが媒酌（仲人）をすることを意味しています」

その後、孤策は、太守の息子の仲人を務めることになった。

『晋書』が編纂されたのは七世紀で、「月下老人」の由来となった「定婚店」の話とほぼ同時期である。「太守の娘の仲人を務める」というのは、相当な栄誉だったのだろう。だから、夢占の話として史書に書き残されたのだ。こんにちでもそうだが、仲人には（また、結婚には）社会的な側面があった。

古代中国では、結婚は個人的なものではなかった。血筋の存続と、宗族の拡大を主な目的とし、ひいては国家を安定させ拡大させるためのものだった。イエが主体の社会にあっては、結婚による男女の結びつきはとても重要なものだった。

中国の恋愛史については、張競『恋の中国文明史』がくわしい。なお、張競氏には『近代中国と「恋愛」の発見』という本もあって、こちらも「恋愛」を軸とした近代中国論となっている。

同書によると、右の話を載せた『晋書』には、「娘が一七歳になっても、親が結婚させない場合には、地元の行政長官がその娘の結婚相手を選び、強制的に嫁がせる」と記されているとのこと。女性の側の意思は一顧だにされておらず、こんにちでは考えられないことだが、結婚が社会的な出来事だったことがわかる例である。

張氏は、儒教道徳における「父母の命《めい》、媒酌の言」（「命」は「命令」の意味）という語を

中国古代の婚姻

引用したあと、「古代中国では恋あるいは結婚は個人のこととして見られたのではなく、共同体の文脈において、つまり共同体に役立つかどうかという角度からとらえられたことが多かった」としている。この場合の「共同体」とは村落共同体のことで、国家のもとをなすものである。

そのように考えると、月下老人の話には、伝統的な中国社会における婚姻制度が反映しているといえる。中国の結婚に、仲人の存在が欠かせないという状況は、近年にいたるまで続いていた。また、儒教道徳が浸透した社会においては、仲人の介在なしに、若い男女が知り合うのは難しかったという面もある。

結婚はだれのため？

いまはそうでもないかもしれないが、かつての中国では、結婚していなければ、世間から一人前と見なされなかった。また、当人もそう思うことが多かった。事情は日本でも同じだろう。だから、仲人が活躍することになる。これもまた、日本と同じ。

『礼記』「曲礼」編には、「仲人が介せずに男女はお互いの名前を知ったり、相手と合ったりすることは許されない」とあり、『孟子』にも「男性も女性も、両親の同意、仲人の紹介なしに結婚するのは、家の立場からも、社会の立場からも許されないことであり、社会の害でもある」とある。中国社会における仲人は、重要な存在なのだった。

　では、仲人は、何を基準に両人（というより、両家）を結びつけるのかというと、この本でもしばしば取り上げていた「門当戸対」（「家柄の釣り合い」）である。社会的地位と経済状況が釣り合う家同士の男女の結婚が良しとされていた。この考え方は、多かれ少なかれ、こんにちの台湾社会にも受け継がれていて、家柄の問題が、結婚の際にしばしば問題になる。

　わたしの同僚（一九五六年、金門生、女性）は一九八四年に結婚したが、家が貧しく、本人も両親も、家柄を気にしていたという。具体的には、嫁入り道具の価値や結納の金額によって、結婚後の生活に格差が生じるのだという。良家の子女だった兄嫁たちとくらべて、貧しい家の出身だった彼女は、家事労働やいただき物の分配など、さまざまな場面で差別を感じたと話していた。

　この件について共著者の陳さんに意見を聞いたところ、かつてほどではないものの、いまの若い世代でも同じ考えを持っている人は少なくないという。そして、古臭いとは思いながらも、親には逆らえないという考えになりがちだとも。

漢民族社会は、孝行が重視された社会でもある。親や親族への尊敬と従順は当然であり、両親が決めたことを受け入れる（受け入れざるをえない）。それゆえに親族集団の需要による結婚は、両親が決めることになっていた。

たとえば、『礼記』の「昏義」編には「結婚にはふたつの役割がある。ひとつは両家を結びつけ、親族同盟を作る役割、もうひとつは先祖を祀り、跡継ぎを生み、血縁を存続させる役割である」とある。古代の中国人は、このふたつの役割によって社会の秩序が形成されていると考えていた。それは、為政者にとっても国の根幹をなす重要なものだった。

結婚は家庭の根幹をなし、家庭は村落共同体の根幹をなし、村落共同体は国家の根幹をなす。だから、国家は結婚を推奨する。それは戦時においてより顕著になる。戦時中の日本では、銃後の守りとして家庭が重視され、「産めよ殖やせよ」のスローガンのもとに人口増加が国策となった。近代の「恋愛」が、優生思想（より優れた子孫を残すための思想）のもとに発展したことについては、加藤秀一『〈恋愛結婚〉は何をもたらしたか――性道徳と優生思想の百年間』でくわしく論じられている。

しかし考えてみると、現在の日本政府の政策もそう変わらないのではないだろうか。少子化対策というのも国益のためで、煎じ詰めれば「産めよ殖やせよ」ということだ。だから

「女性は産む機械」などという発言をする大臣が出てくるのである。

いっぽう、現代の中国では、人口増加を抑えるために一人っ子政策が取られていた（現在は二人っ子に緩和）。「産めよ殖やせよ」とは反対だが、国家が結婚をコントロールしようとするのは同じである。

もっとも、硬直した制度があったからこそ、恋の炎が燃え立つという側面もある。日本の江戸時代の身分制度のもとで、心中もののラブストーリーが盛んになったように。

日本時代、台湾人の結婚

さて、ここまでは、中国の結婚の歴史を見てきた。次に、台湾の婚姻史を、台湾の歴史をふりかえりながら見ていこう。

大まかにいって、台湾の婚姻制度は、⑴中国伝統婚姻制度期（清朝時代）、⑵自由恋愛思想の進入期（日本統治時代）、⑶自由恋愛結婚期（戦後の民主化時代）の三期に分けられる。以下に順を追って紹介する。

台湾は一六八三年に清朝の版図に入れられたが、その前の明代からすでに開墾のための移民が来ていた。開墾によって大陸から移民した漢民族が、台湾に中国の伝統的婚姻制度を持ちこんだのだ。
とはいえ、当時の台湾は、中国（清朝政府）から見れば「化外《けがい》の地（国家主権の及ばない地域）」、文献資料が乏しいので、恋愛・結婚にかぎらず、はっきりとしたことはわからない。ただ、日本統治時代（一八九五〜一九四五年）に記された資料から、わずかにその様子がうかがえる。
片岡巌『台湾風俗誌』は、日本による植民地統治が始まってから四半世紀たった一九二〇年に刊行された。清朝時代の結婚の遺風が記録されていて興味深い。以下、必要箇所を引用する（一部、句読点を改めた）。まずは当時の仲人事情について。

請期とは、結婚期を定むるを云う。先ず、媒人は男女家の支障なき日を選び、男家より請期親迎書及請期礼書を贈る。甲者には「富詹某月某日時旅行」と書し、乙者には「吉課、更儀、大髻、蟒襖、綉裙、婚書」と記し、又、同年月日挙行と書し、物品を添えて女家に贈る。女家よりは返書及び朱履、錦襪等を返礼す。

原文はもっと長いが、いろいろと細かいルールがあったことがわかる。『台湾風俗誌』には、仲人に渡す礼金の額やマナーについての記述もある。ただ、これは上流家庭の例だろう。

同僚の台湾人たち（四〇～五〇代）に聞いたところ、これらのしきたりのすべてを知っている人はまれだった。ただ、仲人に、豚や鶏の足を贈るという習慣を覚えている人は多い。これは靴底をすり減らして奔走した仲人の苦労に報いるためである。

『台湾風俗誌』には、次のような記述もある。文中の「紊」は「乱れる」の意味。

台湾人の中流以上の婚姻は、古礼、即ち六礼に則るを原則となすも、下流社会に至りては、其礼式、全く紊乱し、事実、売買婚の観あり。甚だしきは、自己の妻を他人に典し（質し）、又は、嫁売して婚書（結納書）の代りに、身価銀受領書を以て代うるものありと云う。如此は一部下流社会に行はるゝ風習なるも、之を以て之を観るに、如何に其礼式の弛廃せるかを察するに難からず。

この記述から、古式に則った漢民族式の結婚があるいっぽう、かなり乱れた結婚もあったことがわかる。そのちがいは、社会的地位によるところが大きかったらしい。原文の言葉を借りると、「下流社会」では、ほとんど「売買婚」（いわゆる「娘の身売り」に近い）のような様相を呈していたらしい。この点については、あとで述べる。

「恋愛結婚」がやってきた

この状況を、娘の立場から見るとどうなるか。もちろん、階層の下の娘が、好きでもない男のところに売買同然で嫁がされるのはたまったものではない。しかし、上流階層の娘であっても、自分の意思とはまったく無関係に相手が決められるのは同じだ。いずれにせよ、この時代の台湾の女性たちは、よほどの偶然でもなければ好きな男性と結婚することはできなかった。

これを裏返せば、男性にとっても同じ状況となる。女性たちの不自由さには及ばないが、男性たちもまた、思い人と結ばれることはまれだった。好きになった男女が、結婚をすることはもとより、付き合うことすら難しかったのだ。

そうした状況にあっても、恋愛という自然な感情があったのはまちがいない。というのも、『台湾風俗誌』には、次のような記述もあるからだ。文中の「陰陽」は「男女」の意味。

月老爺と称する神明、台南万福庵街内右側にあり。恰《あたか》も、我《わが》出雲の大社の縁結びの神と同様、陰陽を結び合する神なりとて、若き男女此神に詣づるもの頗る多し。

現在、台南市中西区に、万福庵という名の廟がある。主祭神は斉天大聖。ただ、この廟が創建されたのは一九七二年。前身は、鄭成功の武将の妻の家だったというが、関係なかろう。それよりも、近くには、現在、四大月下老人の一つとされる大観音亭（88ページ）があるので、そちらのことではなかろうか。もっとも、右の記事が書かれたのは一九二〇年、大観音亭で月下老人が祀られるようになったのは一九三三年なので、やや、時期が合わない。あるいは、もともと月下老人の小祠があって、評判が高まったので、正式に祀られるようになったということだろうか。

右の記事で、「出雲の大社の縁結びの神と同様」という一節は、たとえではあるが、月下老人＝縁結びの神という観念が浸透していたことがうかがえて興味深い。注目すべきは、「若き男女此神に詣づるもの頗る多し」という箇所。古臭いしきたりにウンザリした若者たちの姿が目に見えるようだ。

ある特定の異性に恋愛感情を抱くのは、ごく自然な人間の心の動きとして普遍化できると思う。しかし、社会制度の範を乗り越えて、愛を成就させようという発想は自然なものではない。「自由恋愛」という一つの思想といえる。

台湾の若い男女は、いつ、どのようにして自由恋愛に目覚めたのだろうか。

日本統治時代の結婚写真

洪郁如『近代台湾女性史——日本の植民統治と「新女性」の誕生』には「台湾における恋愛理念の主たる輸入ルートは、中国大陸と断絶されていたという状況下にあって、最初は日本内地を経由したものであった」とあり、また「日本の植民地という政治的・社会的環境における近代台湾人の恋愛の発見は、理念の輸入過程であれ、展開方式であれ、日本と中国双方の影響を受け、独自の様相を示したのである」と述べられている。

なお、張競氏によると、大陸中国においても「自由恋愛」思想は、日本を経由してもたらされたのだという。張氏は「東から来た西欧」という表現をしている。良くも悪くも、西欧の思想は、近代化が早かった日本を通して中国に伝来したのである。

時代は変わった

台湾における「恋愛」は、日本統治時代に「恋愛結婚」の概念が形成されたのが画期となった。その後、次第に本人の意思の尊重と結婚相手との愛情が重要視されるようになっていった。当時の若い男女にとって、愛情は幸せな結婚に不可欠な要素だった。結婚する前に双方に十分な理解と愛情が存在しているべきだとする点に、子孫繁栄を目的とする伝統的な婚姻制度を批判する傾向が見える。

このような時代の空気は、台湾で著名な女流恋愛小説家、瓊瑤（107ページ）の作品にも見ることができる。彼女が生まれたのは、日本統治時代末期の一九三八年。身のまわりに、いろいろな例があったのだろう。

たとえば、一九三〇～四〇年代を舞台にした小説『六つの夢』（一九六四年）の「追い求めて」の章には、「婉君さん、時代は変わった。今は自由恋愛の時代で、親の意思による結婚なんて遅れている。ぼくのことを愛しているなら、一緒に逃げよう。こんな古い考えに縛られた家から！」という台詞がある。両親によって決められた結婚への反発と、純粋な愛への志向。まさに時代が言わせた言葉だった。

同じく『六つの夢』の「声なき妻」の章には、次のような一節がある――「彼はこの運命から逃げたい、この婚約から逃げたい。新思潮の洗礼を受けた彼は、伝統的な古い風習、とくに中国の古い結婚観に苛立っている。愛の無い、一度も会ったことのない他人と夫婦になるなんて、あまりにも不合理だ！」。

若者が、伝統的な風習の束縛から逃れようとするストーリー。当時の若者は、両親や伝統的な婚姻制度などの古い思想に反抗し、自由を求めていた。自由恋愛が若者のあいだで広まり、とくに都市部の若者世代と親世代との対立が激していたのがうかがえる。

現在のドラマを見ていると、さすがに家柄が恋愛・結婚の妨げになるという描写は減ってきているが、そのかわりに、女性の社会進出にともなう男女のすれ違い（会う時間がとれないことや、海外赴任など）が、障害物として立ちはだかるケースが目立つようになっている。このあたりは、作劇法との関連があるだろう。

それでも、この小説の主人公は、伝統に則った結婚を迫られていただけ、ましだったかもしれない。先に述べた「売買婚」のような例も少なくなかったからである。『台湾風俗誌』には、次のような一節もある。「本島」は「台湾」、「壻」は「婿」、「媳」は「嫁」の意味。

本島に「大娶」「小娶」なる語あり。大娶とは古礼に則り正式に媒を介し、六礼式を履みて結婚したるものを云い、小婆とは「招壻」即ち女に壻縁組をなせしもの。「招夫」即ち寡婦の家に入り、夫となりたるもの。「媳」即ち他人の幼女を少許の聘金（結納金）にて請ひ来り養い、他日、己れの子に配するもの。「螟蛉子」即ち他人の男幼児を少許の聘金にて請ひ来り養い、他日、自己の女に配し、又は他より女を迎えて配するもの等なり。以上、数種のものは六礼を履まず、極めて簡略に行うものなり。

多様な結婚のあり方があったことがわかる。それと同時にわかるのは、恋愛をすることの不自由さ。次の節では、この点について考えてみたい。

日本の影と恋愛

台湾の「おしん」たち

前の節の最後でふれた『台湾風俗史』の「「媳」即ち他人の幼女を少許の聘金（結納金）にて請ひ来り養ひ、他日、己れの子に配するもの」というのは、「童養媳《トンヤンシー》」（「媳婦仔」「苗媳」「小媳嫁」などともいう）のことである。現在では廃れたが、かつての台湾に存在した制度である。いまでも、台湾には童養媳だった高齢女性が多い。

同じく『台湾風俗史』に載る「「螟蛉子」即ち他人の男幼児を少許の聘金にて請ひ来り養ひ、他日、自己の女に配し、又は他より女を迎えて配するもの」というのは、童養媳の男性版だが、例は少ないようだ。

「童養婚」は中国の婚姻形態の一種で、童養婚によって嫁いだ女性を「童養媳」という。まだ幼女のうちに嫁ぎ先の家に買い取られ（その時点では、相手の男性も幼児）、家の手伝いをしながら養育され、成人すると、正式にその家の嫁になる。起源は一一世紀にまでさかのぼり、二〇世紀になって廃れたが、台湾でも一九六〇年代までは見られた。

たとえていうと、ドラマ「おしん」の主人公の娘が、成人になるまで奉公を続けて、そのままその家の旦那の息子と結婚するようなものだ。童養媳を研究した許佩瑜氏は、テレビで「おしん」を見た祖母から、童養媳だった自分の半生を書き残しておくように言われ、修士論文を書いたという。「おしん」は台湾でも大変な人気を博したが、その理由の一端が垣間見られる。

時代の状況を考えると、童養媳の風習をいちがいに悪と断ずることはできない。貧しい家の娘の場合、裕福な家の童養媳になれば生活を安定させることはできる。童養媳を出す家にとっては養育費を軽減できるし、迎える家にとっては早くから労働力になる。社会保障が整備されていない時代の安全弁として機能していた側面もあった。しかし、そこには童養媳になる女性の意思は微塵もない。

日本統治時代の家族写真

童養媳の悲劇を歌った民謡は

多く、小説や映画の題材にもなっている。わたしが印象に残っているのは、鄭清文の童話「紅亀粿《アンググエイ》」で、童養媳だった娘の幽霊と、結婚相手になるはずだった青年との切ないやりとりが胸に沁みる。

また、最近の台湾では、オーラルヒストリー（口述歴史）の手法を用いて、かつて童養媳だった女性たちからの聞き取りも進められている。ただ、表に現れにくいテーマなので、実態については不明な点が多い。彼女たちの証言によると、童養媳としての苦労は並々ならぬものがあったが、夫との仲は必ずしも悪くなかった点に救いがある。

稲田尹という人がいた。一九一五年生まれで、台北帝国大学助手、台湾総督府嘱託などの仕事をしながら、台湾の民間歌謡の収集をした。戦後は鹿児島大学の教授を務め、一九六〇年代まで活動歴がある。稲田が収集した資料のなかには、当時の台湾人の恋愛を歌った流行歌も多い。

稲田が台湾の歌謡の収集をしていたのは一九四〇年前後である。植民地下かつ戦時下という状況、支配者側からの視点というバイアスはかかっているものの、貴重な資料であることはまちがいない。

この節では、稲田が収集した資料を紹介しながら、戦前（植民地時代）の台湾人の恋愛事情を見ていきたい。

童養媳哀歌

稲田の著作にも、童養媳の歌が多々収録されている。少し長いが、次にひとつ引用する。注によると、「鐵樹」は、絶対に開花しない樹のこと。

含笑過午芎蕉味　桃花過度落咽脂　今年問你十三四　鐵樹開花等幾時

（含笑ハ過午ニ芎蕉ノ香リス　桜花ハ度ヲ過グレバ咽脂ヲ落ス　今年你ニ問ヘバ十三四　鐵樹花を開クハ幾時ヲ等タム）

〔意訳〕昼過ぎ、含笑の花は咲き乱れて芳しき芭蕉にも似たる香を放ちをれり。思えば桜花も盛りを過ぐれば紅き花びらも地に落ち生命を失う。われいま春を懐く年になりたれど、愛をさゝやくきみなく、家にある夫と定められしものは今年僅かに年十三四、このわれの花開くは何時ならむ、鐵樹の花の開くを待つが如く永遠に来らざるには非ずか。

○これ養媳仔（養女）の歌なり。金銭にて幼児購はれたる女も年頃となれば、己が身の通常ならざるを察し、運命の暗きに胸も潰ゆべし。この女は結局、年頃までは家事を

童養媳を扱ったドラマ『婉君』

手伝い、年頃になれば花柳の女となる。（支那の養女の場合とは異なる）夫なりと聞かされいし家の男は未だ年歯もゆかぬ子供、その真に非るを知る。かくてわが身は空しくこの青春を終うべきか。養媳仔を歎ける歌は多し。その中にありてこの歌は秀れたる歌と云うべく、大いに流行せるものなり。

稲田の名訳といえようが、「われいま春を懐く年になりたれど、愛をさゝやくきみなく」というのは何とも哀れ深い。「年頃になれば花柳の女となる」というのは事実ではないが、そうした事例が多かったのは確かなのだろう。稲田がこの歌を採集して五年ほどのち、台湾は日本の植民地支配から解放される。この歌の女性はどのような人生を歩んだのだろう。

童養媳について、稲田は次のようにも述べている（歌は省略）。さまざまな事例があったことがわかる。

養母に二あり。一は一般家庭に於ける場合にしてこの時子が女なれば（殆ど女なり）これを養女と称す。二は特殊社会の場合にしてこの時は養女に当るものを媳婦（シンプウ）と称す（媳婦は一般家庭に於ける嫁にも用う）。本歌の作者はこの媳婦なるを以て今少しくこれに就きて説くに、この媳婦は五・六歳までに買われたるものにして十二・三歳頃に至りて音楽歌曲を習わしめ、これに通ずれば芸者となし然らざる者は闇の女となす。而してその所得は凡て養母に帰す。この媳婦は十二・三歳までを苗媳（ビャウシェク）と言うもこれ文字上の相違にして普通は凡て媳婦と通称さる。この風習は北部のみにして、この種の女は北部より更に中・南部に出稼ぎに行く者多くその送金額も年数百万円に及べりと言う。但し現在は禁止されたり。台湾歌謡には情歌多く情歌中又女郎の歌多し。その生活の悲惨なる内地の女郎に比すべからず。

稲田は、外来者の視点で台湾人の結婚を見ていた。そこに限界があるのはもちろんだが、反対に、外来者だからこそ感知しえたことがらもあっただろう。

恋愛悲譚

ある歌の解釈で、稲田は次のようなことを書いている。「聘金制度」というのは、童養媳を指すと思われ、稲田は悲劇的な歌の内容の背後にそれを読み取っている。

恐らく親の命ずるまゝになせる結婚なるべし。乙女の夢も破れ、去らむとして去りえぬ不幸なる結婚生活は耐えつ耐えゝずしつゝ墓場まで至るならむ。この歌に聘金制度の悲劇の影を偲ぶは独りわれのみならむや。

先に述べたように、童養媳でなくても、かつての台湾では、自由に恋愛して結婚することはできなかった。稲田は、注釈のなかで次のようにも述べている。「本島人」は在地の台湾人のことで、「電髪」は「パーマ」のこと。「彰化」は中部の都市。

本島人の結婚は本人の意思を無視して奠長が之を定めるのが普通である。こゝに恋愛の悲劇が生れる。台湾に於て抑々自由恋愛が容認せられたのは、今から十四、五年前からで、当時から電髪も流行し始めた。この機運に対し、所謂道学者流の反対は極めて激しく、彰化の崇文社の如きは普く論文を募り、新聞、雑誌に反対論を掲げたが、時勢の進展には如何ともし難かった。

台湾で自由恋愛が認められるようになったのは「今から十四、五年前」とある。この文章が書かれたのが一九四〇年なので一九二五年前後、元号でいえば、大正から昭和に変わるころだ。日本の植民地統治が始まって三〇年が経っている。日本の恋愛ブームの影響もあるだろう。ただ、稲田も書いているように、世間の（とくに知識人層の）反対は根強かったようだ。

稲田は、右の文章に続けて、次のように書いている。

現代台湾の結婚写真
20年ほど前に撮られたもので、当時の流行を反映している。

姻長が許さぬ為に情死する者も続出し、台北の淡水河、台南の運河に身投げする者が多く、一方には「阻恋看歎（ツォロァンコァコァン）」の如き歌も流行した。この為、自由恋愛が不得止《やむをえず》容認された形になったが、しかし現在でも依然として姻長の定むる結婚にも黙従してゐるのが殆ど総てである。内地では議論済みの自由恋愛論が現在討論の対象となってゐるのも間接に之を語るものと云へよう。興南新聞（旧称新民報）でも六年前に婚姻専号を出し輿論を喚起したことがある。これでは崇文社側と反対に自由結婚に賛成であったのも、論者が青年であったことを思ひ併せて時勢の流れを認められよう。

台北の淡水河も台南運河も、いまでは観光名所となっているが、かつては痛ましい心中事件も多かったようだ。が、それでも世間の目は自由恋愛に厳しかったことが、文章の後半から読み取れる。

カカア天下の裏側

稲田は「古来台湾の情歌は北部に盛にして、茶村に発生せる採茶相褒歌（茶摘女と男性の問答歌）は広東族村落に多く、嘗ては台湾の情歌を風靡したることあり」と記している（「広東《カントン》族」は漢民族の一派の客家《ハッカ》のこと）。

台湾の文化の中心は、南部の古都・台南で、台北など北部が発展したのは、日本統治時代に首都として扱われて以降のことである。稲田が右の文を書いた一九四〇年代は、政治経済の中心は台北に移りつつあったが、文化の中心は台南だったはずだ。いっぽう、海外の文化の窓口になっていたのは台北だったろうから、「古来台湾の情歌は北部に盛にして」というのが事実かどうか疑問である。ただ、客家が多く住むのが北部の苗栗や豊原であるので、茶摘歌が北部に多かったのはまちがいない。

稲田は、カカア天下の歌を多数採集している。次に、歌は省略して、解釈の部分のみ紹介すると……。

嬶《かかあ》天下を怖れつつも、女と契をこめたる男を皮肉れる女の歌。台湾に於て大概夫は妻に従順なり。若し妻の気持を傷つけむか妻は直ちに隣近所に言いふらすに至る。ここに妾の存在理由あるなり。

きみに心奪はれ、魂のみは常にきみが家に留まれり。日も暮れざるに、はや逢はむと思ひ、嬉しさに涙もこぼれぬ。衣をかへて秘かに家を脱け出むと思へどわが山の神はかくあらむと門口に見張りをれり。

妾があまり多ければ真にうるさし。家庭には常に風波が絶えず。表面はよし和気曖々たるも、武装せる平和に似て、何時戦争を起すやも計られず。

○妾多きを歌へるもの。妾は第何号と称し多きは数人に至る。その大部分は財産を得むとするものにして、この為に裁判沙汰になるもの少からず。常時と雖も裏面には種々女としての葛藤暗流れいるなり。

一見すると、恐妻家の夫がテーマのユーモラスな歌に見えるかもしれない。しかし、ユーモアの影に隠された真実に目を向けねばならない。この歌の男性たちは、みな公然と妾を囲っているのだ。そしてその逆はけっして許さない。稲田は、次のようなことも書いている。過激な言葉には、男尊女卑の時代にたいするアイロニーが込められている。

これ立誓の歌なり。立誓とは男女の愛情の変らざることを誓えるものなり。この種の歌、女に多く、殆《ほとん》ど総てかくの如く、己《おのれ》背くとも悪しからざれど、男背くあらば悲惨なる最期を遂ぐべきことを述ぶ。而してこの場合は強き立誓にしてかくなりし男の身は魂までも粉々になり来世は畜生にすら生れ変わるを得ずとなすものなり。仏教の輪廻説の滲透せるを見るべきなり。（後略）

日本時代のラブソング

このように、時代や文化の違いがある点には注意しなければならないが、稲田が紹介する台湾の歌には、こんにちのわれわれにも親近感を抱かせるものが少なくない。

次は、男子学生が、壁越しに聞こえてくる若い女性の声を聞いて悶々としているという内容の歌。一九四一年に収集された歌だが、現在の恋愛ドラマにも通ずる。

一時無看嫂的影　隔壁無看明聴声　不時聴声佮望影　一半読書一半聴
（一時モ嫂ノ影ヲ看ルナシ　壁ヲ隔テテ看ルナク声ヲ聴クヲ用ム　不時ニ声ヲ聴クト影ヲ望ムノミ　一半ハ読書シ一半ハ聴ク）

この歌を稲田は次のように意訳し、注を加えた。当時二六歳の稲田の感性がみずみずしい。

〔意訳〕少しも姿を見せないきみ故に、壁を隔てゝは唯声の洩れてくるのを聴き入るばかり。何時も声を聴いたり面影を偲んだり。あれやこれやと幻に描いているはかなさ。本を読んでも手につかず、またその声に耳をすますのだ。
○壁越しに聞える若い女の声。どんな女だらうと幻に描いている学生。色々あれこれ連想に耽ってあらぬロオマンスに胸を躍らせる。これでは今度の試験もうまく受かる筈はない。

「今度の試験も……」とあるのは稲田の解釈であって、原文にはそのような個所はない。台北帝国大学の学生だった自分の姿をオーバーラップさせたのだと思うが、名訳だと思う。ここには「孤悲」する男子の姿がある。

制度や習慣がどうであれ、若い男女の柔らかい魂は、自由に恋愛する夢を抱いていた。稲田が記録した次の歌を紹介する。一九四一年に採集された歌で、もとになった事実が二十年前だとすれば、やはり大正年間、一九二〇年代のことである。

霜雪許大泗過港　　世界尽取汝一人　　熱血満身不驚凍　　将来娘的搭心厎

（霜雪シカク大ナルモ泅ギテ港を過ル　世界尽ク汝一人ヲ取ル　熱血満身凍ユルヲ驚レズ　将来娘ガ搭心ノ疷タラムトス）

〔意訳〕霜雪ふりしきる中を川を泳ぎ渡り愛するきみを訪ねにゆく。この世に必要なるはきみひとりなれば、逢はむとする熱情身に溢れ凍ゆるも怖れむや。わが望みは将来きみが生命かくる最愛の夫たらむとするにあればなり。

○この歌。今より凡そ二十年前のものにして事実を歌へるものなり。

台湾のどこの地方のことを歌ったのかはわからないが、よほどの山間部でなければ「霜雪ふりしきる」ということはない。それでも、冬場はそれなりに冷えるので、川に入れば命の危険はある。まさに「あなたのためなら死んでもいい」、である。

現代に生きる赤い糸

小指に結んだ赤い糸

時は移って……。現代の台湾では、赤い糸の俗信は、「紅線」もしくは「月老的紅線」という呼称で、若い女性を中心に知られている。それは大衆文化にも影響を及ぼした。

恋愛小説家・瓊瑤のベストセラー小説『幾度も夕陽は赤く』については先に書いたが、一九九〇年代には、于晴の『おてんば蝶々』や、左晴雯の『烈火の青春』、『心を盗んだ仔猫ちゃん』などが人気を博した。日本でいえば、トレンディドラマが流行していたころである。

于晴『おてんば蝶々』

于晴の描いたラブストーリーは、瓊瑤の悲しい古典的ロマンと違って、性格の明るい主人公に、時事ネタやおしゃれな会話が散りばめられていて、女子学生に高く支持された。代表として、『おてんば蝶々』（一九九五年）を紹介しよう。

ヒロインの魚翩翩は、前世は星君（道教の神）によって作られた泥人形で、下級仙女だった。このあたり、泥をこねて人間を創った女媧の神話（144ページ）が意識されていると思われる。相手の楚天剛も前世は仙人で、星君の依頼で彼女の面倒をみていたところ、次第に恋心が芽生えていった。しかし、仙人は恋愛禁止のため、ふたりは人間界に落とされてしまう。

こうした設定は、さすがに道教文化圏だと思わせる。現代日本の恋愛小説では、なかなかできない。仁木英之の『僕僕先生』のような例はあるけれども、舞台は古代中国だし。

小説の紹介を続ける――人間界でのふたりは前世の記憶はないが、両親によって決められた許嫁《いいなづけ》同士だった。けれども、彼女は男勝りのところがあり、行く先々で面倒を起こして、まわりの人から「災星」と呼ばれている。だから彼は最初、この縁談を破談にしようと考えたが、次第に彼女のことを好きになり、自分も成長していった。

小説では、月下老人は星君の友人として登場する。そのなかにこんなシーンがある。ふたりがまだ仙人だったころの話。月下老人がいないときに、こっそり配偶堂に入った。そこで彼女が泥人形を二体作り、人形の手の小指に赤い糸を結ぶ。これが伏線になっていて、小説のラストでも、「夫婦の縁はすべて月下老人の赤い糸によるもの。小指の赤い糸をご覧、将来の相手と結ばれているよ（「赤い糸」は原文では「紅線」）という台詞がある。

注目すべきは、『幾たびも夕陽は赤く』では赤い糸を結ぶ箇所に言及していないが、この作品では二回とも「小指」とされている点である。おそらく一九九〇年代に、月下老人の赤い糸は小指に結ぶものという図式が形成しつつあった、もしくは形成していたのだろう。

日本でも、赤い糸を結ぶ個所は、足から手の小指へと変遷していった。その理由について、古田島洋介氏はいくつか仮説を述べているが、そのひとつとして、江戸時代に流行した「指切りげんまん」の習俗をあげている。小指こそ運命の糸を結ぶのにふさわしい場所だというのだ。説得力のある見解だと思う。

ちなみに、一九九〇年代に書かれた小説で、月下老人が登場する作品はほかに、林可恵『ロマン泥棒』、沈若嵐『郡主ちゃんとチャラ男』、辛蕙『小さなあなたが好き』、花欣『赤い糸の縁』などがあるが、ほとんどが古代を舞台としている。そのいっぽうで、仲人や、代わりに縁結びを表す「牽紅線」が登場する小説に、藍雁沙『愛すべき仲人・番外篇』や、丁千柔『幻想のソナタ』、楚遙『スイートおてんば娘』などがある。これらの小説の舞台はすべて現代である。

この点をふまえれば、古代中国の仙人世界を前世として、現代のラブストーリーを紡ぎあげた『おてんば蝶々』という作品が生まれた経緯がよくわかる。

ファンタジーとSFのなかの赤い糸

一九九〇年代後半になると、恋愛小説をメインとした出版社は、作家を養成するためのコンテストなどを開催し、多くの作家が育った。その反面、作家と作品が大量に市場に出回ることになって市場が飽和状態になり、質のいい小説が埋もれることになった。

二〇〇〇年以降、とくに有名な恋愛小説が見られなくなったのには、そうしたいきさつがある。そうしたなか登場したのが、九把刀の小説の『月老』と『紅線』だった。

九把刀は、二〇〇〇年ごろからウェブ上に自分の作品をアップしているネット作家だ。男性視点の作品がほとんどで、男性、とくに学生を中心に人気を集めている。近年は自分の作品が映画化される際に監督をすることが多い。映画を通してさらにファンが増えた。時代を代表する作家である。

『月老』は二〇〇二年八月に刊行された。内容は――阿綸という青年が小咪という女性にプロポーズするが、その晩に事故に遭い、亡くなってしまう。そして、あの世に行ったあと、大勢の月下老人のひとりとなって、赤い糸を使って、世の男女の縁結びをするようになった。すでに小咪との赤い糸は切れていて、月下老人たちが彼女に新しい赤い糸を結ぼうと

九把刀『月老』、『紅線』

しても、彼女の阿綸への思いが強すぎて、すぐ赤い糸が消えてしまう。最後には、彼は彼女の幸せを願って、彼女に似合う良い人を見つけ、切れない七色にきらめく赤い糸でふたりを結んだ。

　主人公が死後に月下老人になるという設定が、何というか、すごい。この青年は、赤い糸を結ぶ側でも結ばれる側でもあるのだ。斬新である。

『紅線』は二〇〇二年一二月刊行。前作『月老』がファンタジーなら、こちらはＳＦである。内容は――エンジニアの彦翔は、ずっと元カノの子晴が好きだった。彼は、会社で新開発したＭチップを、彼女をつなぎ止める赤い糸としてプレゼントのアクセサリーの中に植え込み、彼女の脳波を強制的に彼の脳波と同調させ、もう一度、彼を好きになるようにした。しかし、アクセサリーを外すと効力もなくなるため、彼はＭチップを自分と彼女の脳内に植え込んだ。やがてふたりの結婚式のとき、Ｍチップが暴走し、同調したままだと彼女は死ぬと言われる。彼は自分の命を絶って、彼女を救った。

引っ込み思案な青年の妄想が暴走したというところで、純愛といえば純愛だ。ここでの赤い糸は、比喩として使われているが、これは二〇〇〇年以降の傾向らしい。劉蘭亭の絵本『邂逅』は地下鉄、Loveinmind の小説『夏のミルクティー』はミルクティー、心同居住戸の散文『愛のマンション』はインターネットを、それぞれ「赤い糸」になぞらえている。

その他の出版物のなかで、とくに注目すべきなのは翻訳物である。一例をあげると、村上和雄の心理学書『人生的暗號』（原題は「人生の暗号――あなたを変えるシグナルがある」、一九九九年）がある。日本語の原文「男女の出逢いは「赤い糸」で結ばれているといいますが」が、中国語訳では「我們説情人的相逢早有月下老人在兩人的小指上綁紅線」（傍点筆者）とある。原文にない「月下老人」、「小指」という語が、訳文にはある。おそらく当時の台湾では、すでに「月下老人が、赤い糸を小指に結ぶ」という図式ができていたため、訳文もそれに合わせたのだろう。

台湾のヒット曲と赤い糸

現代台湾の音楽については、二〇〇〇年以前の検索システムでは参照できないため、有名な歌手や曲しか調べられなかった。歌詞サイト「魔鏡歌詞網」で、「紅線」をキーワードとして検索したところ、中国と日本、韓国のデータを除いて六五件見つかった。内訳は、台湾語の曲が四二件、標準語（北京語）が二二件、客家語が一件である。

もっとも早いのは一九八七年にリリースされたテレサ・テンの「愛の使者」で、北京語で歌われている。題名のとおり、自分が愛の使者で、あなたの好きな人との赤い糸をつないであげるという曲である。冒頭から「いいお知らせがあるわ　この赤い糸はあなたの手に届くよ　好きな人はいるかな　ふたりの赤い糸をつないであげるわ」という歌詞である（「赤い糸」は原語では「紅線」。以下の歌詞でも同じ）。

一九九〇年代の歌は三曲しか見つからなかった。まず一九九三年の王建傑と曾心梅のデュエット「赤い糸を引く」がある。一九九四年放映の台湾語ドラマ「爺ちゃん婆ちゃん、孫の嫁」のエンディング曲で、二〇一二年年には『台湾語ヒット曲ランキング』にも収録され、テレビ番組「台湾の歌」では代表的な台湾語歌謡とされている。男性と女性が愛し合う気持ちを歌う曲である。歌詞には「赤い縁の糸　ふたりはそれぞれその一方を持っていた」とある。

莫文蔚の「どうしてなの？」（一九九六年）は、男女のすれ違いがテーマの悲しい歌。歌詞には「いきすぎた要求で　記憶の赤い糸が切れそうになった」とある。

同じく一九九六年には、張清芳の「くっついちゃて、はなれない」がリリースされている。この歌を収録したアルバム『純粋』の売り上げは三〇万枚以上を記録し、復刻版も出た。恋人にどこまでもついて行きたいという女性の気持ちが歌われていて、歌詞に「わたしとあなたの心は　赤い糸でつながっている」とある。

二〇〇〇年以降の例についてはネットの発達により、歌詞も網羅的に検索できるようになった。赤い糸を歌った歌の数も多く、有名なものだけを紹介する。

まずは台湾語の部。二〇〇二年、台湾語歌謡界の女王と呼ばれる江蕙の「紅線」がリリースされた。同曲を収録したアルバムの名も『紅線』である。婚期を逃しかけた女性が、縁のある男性にめぐり会いたい、という気持ちを込めた曲である。

江蕙　『紅線』ジャケット

作詞者の森祐士（本名：黄士祐）は日本に憧れを抱いていて、日本語も堪能な人物である。歌詞も「わたしは待っている　小指の赤い糸の先の人　春の花見に連れていってくれる人」と、日本風の表現がされている。「春の花見に連れていってくれる人」は言語では「阮去看著春天的 Sakura」で、日本語の「桜（さくら）」と発音されている。

このほかに、台湾語歌謡では、張蓉蓉「青春恋夢」（二〇〇六年）、「イス取りゲーム」（二〇〇七年）、「走馬灯の愛」（二〇〇八年）、「縁のくじ」（二〇〇八年）、「三生の石」（二〇〇九年）、「足跡」（二〇一一年）、「ともに生きる」（二〇一三年）などの曲で「赤い糸」が使われている。

それらのなかで、婚期を逸しかけた女性が描写されているのは「青春恋夢」、「足跡」、「ともに生きる」の三曲。片思いの曲は「イス取りゲーム」、「走馬燈の愛」、「縁のくじ」である。「三生石」はデュエット曲で、男性と女性が信じ合い、お互いを支えあおうと約束する曲である。

台湾ドラマの赤い糸

国語（標準語＝北京語）の部では、いまでも人気の高い国語歌手の羅志祥の歌「紅線」がある。男性視点で、好きな女性とは神さまの赤い糸によって結ばれていて、幾度もの人生を、ずっと一緒に幸せに過ごしていこうという内容。歌詞に「神さまは、わたしたちの指先に赤い糸を結んだ」とある。ほかに輪廻や前世の誓い、永遠の愛などの言葉が使われ、赤い糸で結ばれた女性と永遠に愛し合っていこうと述べている。

次に、王心凌が二〇〇七年にリリースした「愛の呪文」を例にあげる。当時は高校生・大学生を中心に人気があり、台湾での売上は一二万枚以上、アジア全体でも一〇〇万枚以上売り上げた。どんなことがあっても、運命的な出会いは必ずあると歌ったロマンティックな曲である。歌詞に「わたしには月下老人の赤い糸があるから遠く離れても寂しくない」とあり、月下老人の赤い糸を信じているという内容である。

台湾語で話すか標準語で話すかでは、ずいぶんと表現される世界が異なるが（日本の方言と標準語の関係を思い浮かべるとわかりやすい）、赤い糸の用例に関しては、それほど相違はないようだ。

台湾ドラマ『愛∞無限』

次に、台湾のテレビドラマのなかの赤い糸について。

二〇一〇年八月から一一月まで、華視（中華電視公司）というテレビ局で放送された『愛∞無限』というドラマがある。日本では、二〇一一年六月からCS放送やテレビ朝日などで放送された。

ストーリーを紹介すると——貧し

い青年の景皓は、子どものころに母親が事故で亡くなり、父親もそのショックで倒れた。景皓は、父親の介護費と生活費をかせぐため、夜市でアルバイトをしていた。そんなある日、お金持ちのお嬢さんの瑞恩にぶつかってしまう。瑞恩の赤いスカートの裾が屋台に引っかかって、糸がほつれる。

このドラマでは、赤い糸がメインビジュアルに用いられていて、キャッチコピーにも「あなたは月下老人の赤い糸を信じますか」、「赤い糸で結ばれたふたりはいつか必ずひとつになれる」など（「赤い糸」は原語では「紅線」）とある。

ストーリーの紹介を続ける――スカートの弁償をするために、景皓は父親のヘルパーを雇うためのお金を渡した。それがあだとなり、ヘルパーがいない状態で父親を家に残していたとき、火事が起きた。父親は無事だったが、責任を感じた瑞恩は、内緒で景皓の家を補修する。やがて愛し合うようになったが、結婚の話が進んだところで、瑞恩の父親が景皓の母を殺した犯人だとわかり、結婚式の日に景皓の父親が失踪、景皓は悲しみのあまり身を隠す。三年後、瑞恩は家を離れ、似顔絵描きになり、景皓は「赤い糸」のアプリを制作して海外で成功し、台湾に戻ってきた。その後もいろいろな出来事があるのだが、最後に二人は結ばれて、めでたくハッピーエンドとなる。

この作品では、ともすれば散漫になりがちなストーリーを、赤い糸という象徴的なアイテムを通すことにより、つなぎとめている。この点は、日本の赤い糸をモチーフとした小説やマンガ、ドラマなどと同じである。

赤い糸のニュース

最後に、台湾の新聞記事に現れた赤い糸の例を紹介する。大まかに四つに分けられる。

一つ目は、バレンタイン（西洋情人節）や、七夕（中国バレンタインとも呼ばれる）、中秋節に組まれる月下老人と赤い糸の特集の例で、夏の風物詩となっている。記事のほとんどが月下老人で有名な台北市の霞海城隍廟、台南の四大月下老人などに集中している。

たとえば、二〇〇八年八月八日付『聯合報』には、「月下老人が仲人　霞海城隍廟年間七千の夫婦を送り出す」という見出しで、「初めての月下老人参りには赤い糸と飴、鉛銭を用意しなければならない」という内容の記事が載せられている。また、二〇〇九年八月二六日付『今日新聞』にも、「七夕に縁結び　月下老人廟に人が溢れかえる」の見出しで、「廟では月下老人の赤い糸とお守りを配布している」という記事が載せられている。この種の例は枚挙にいとまがない。

二つ目は、仲人や知人の紹介で結婚した人々のエピソードに、赤い糸が登場する例。これ

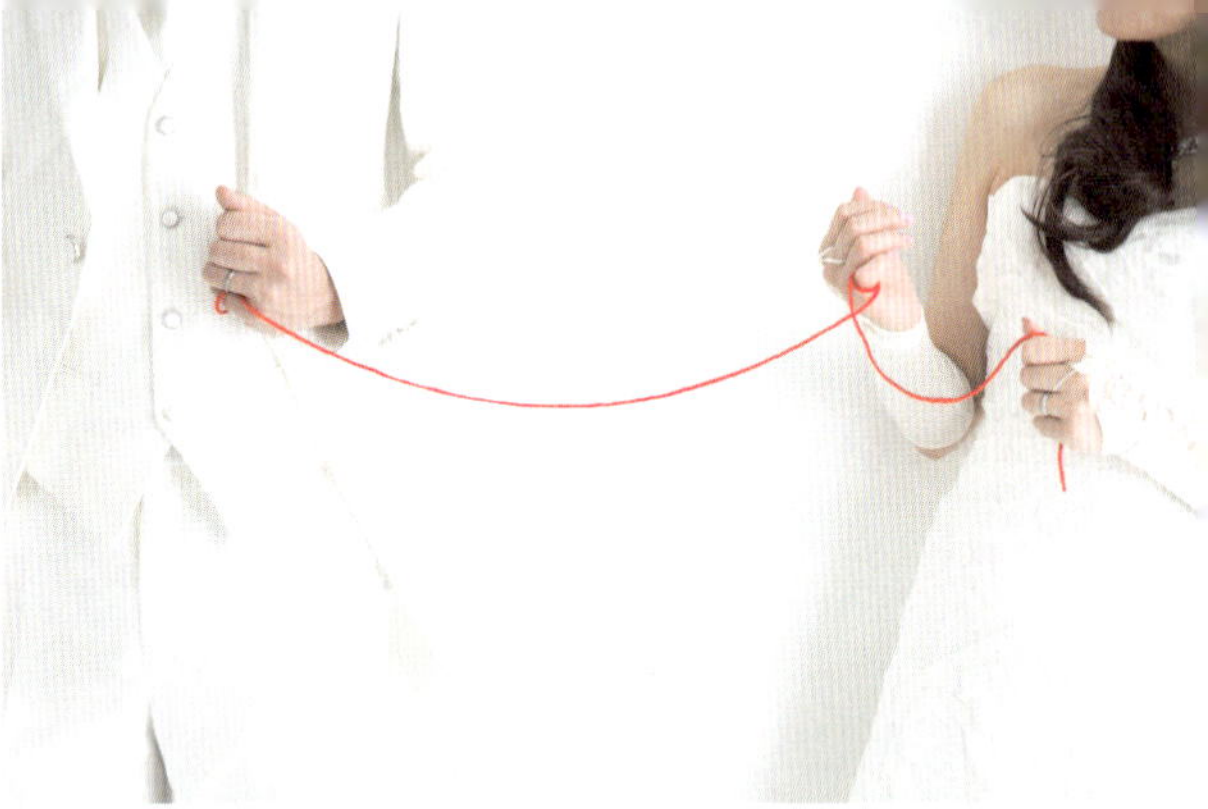

赤い糸をモチーフにした結婚写真

は日常会話でも耳にする赤い糸の用例だろう。

たとえば、二〇一三年二月八日付『中国時報』の「盛竹如ご結婚　赤い糸はテレサ・テンの父が結んだ」という記事や、二〇一四年五月二四日付『中国時報』の「野良猫が赤い糸を結ぶ　動物保護団体ボランティアに良縁を」などの記事である。

三つ目は同じく結婚の話だが、アイテムを赤い糸にたとえる例。これも日常会話でよく用いられる。

たとえば、若者に人気のフェイスブックを赤い糸にたとえた例は、二〇一〇年九月一四日付『聯合報』の「フェイスブックが赤い糸　元トルコのサッカー選手と台湾女性がご結婚」や、二〇一三年一二月一〇日付『中国時報』の「高鐵（著者注・新幹線）が赤い糸　遠距離恋愛を卒業し、結婚へ」などがある。

四つ目は少し特殊で、心中事件の際に用いられる例。太宰治のように（31ページ）、実際に赤い糸を結んだ状態で心中をするのである。

たとえば、二〇〇三年七月八日付『TVBS新聞』には「宜蘭で中学生4人が心中　手に赤い糸」という記事がある（宜蘭は台湾北東部の都市）。四人は農薬を飲み、男女二人が死亡、残る二人は命に別状はなかった。四人は手に赤い糸を結んでいて、来世もまた一緒にいられるようにという思いがあったのではないかと、ある民俗学者が推測している。

同じような事件も起きている。二〇〇七年九月六日付『聯合報』には「手に赤い糸を結び一酸化炭素中毒自殺　四人家族のうち二人死亡」という記事がある。また、二〇一〇年四月一九日付『聯合報』には「母女家庭一酸化炭素中毒自殺　自殺前に子供が助けを求める」という記事があり、やはり赤い糸で結ばれていたという。こちらは恋人同士ではなく、家族の例である。

現代台湾では、愛する者同士が心中する前に、お互いの手を赤い糸で結んだら、来世で一緒になれるという民間信仰が生まれているようである。

なお、『レコードチャイナ』二〇〇七年四月一〇日付によると、中国大陸の重慶市でも、赤い糸で手首をつないだ男女が心中するという事件が起きている。日本では、ドラマ『高校教師』のラストがそうだった。そのうち、こうした赤い糸の使われ方が多くなるのだろうか。

あとがき

映画『ママは日本へ嫁に行っちゃダメと言うけれど』（谷内田彰久監督、二〇一七年、略称『ママダメ』）は、日本人青年「モギさん」（演・中野裕太）と、日本語学習中の台湾の女子大生「リンちゃん」（演・簡嫚書）の恋のゆくえを描いた可愛い作品である。

『ママダメ』の二人はフェイスブックを通じて知り合う。たわいないやりとりを続けるうちに、やがて恋心が芽生え、台湾と日本のあいだを行き来するようになる。実話がもとになっているそうで、リアル「モギさん」と「リンちゃん」は、いまも著述業などで活躍中である。

かつての時代なら、恋人同士は恋文で相手に思いを伝えていた。もう少し時代がくだると夜の長電話で伝えただろう。発明王エジソンはモールス信号でプロポーズしたのだとか。『ママダメ』の二人は、スマホで愛を確かめ合っていた。いかにも現代の若者らしく、安直にも見えるが、そうでもない。ネットという言葉に象徴されるように、複雑に絡み合った網の目のなかから、運命の糸を一本だけ選び出すのは難しい。

このラブコメには、台湾と日本のほどよい距離感が描かれている。障害があると恋愛は燃え上がるというけれど、あまりハードルが高いと話が深刻になる。その点、台湾と日本は、遠からず近からずの、ちょうどいい位置関係にある。国際結婚がテーマになっているものの、あまり国境を感じさせない。実際、東京―台北の飛行時間が三時間半、北海道から沖縄に行くのとほぼ同じなのだ。ネットの即時性と、適度な時差。

時代は移り変わっても、根っこにある感情はあまり変わらない。だから「赤い糸」の発想も形を変えつつ受け継がれていくという話。

本書は、陳弁如さんの修士論文「赤い糸の俗信――台湾と日本の事例を中心に――」（二〇一四年、南台科技大学応用日本語学科大学院に提出。指導教員は伊藤龍平）をもとにリライトしたものである。陳さんの修論では、台南市内の廟における「赤い糸」の配布実態と月下老人の祭祀状況、台湾と日本の「赤い糸」関連の小説・漫画・CDなどのリストが四五ページにもわたって載せられていて、資料として貴重なのだが、残念ながら、紙幅の都合で割愛せざるをえなかった。陳さんの修論は、国立国家図書館（台北市）に所蔵されているので、ご興味のある方はそちらをどうぞ。

役割分担でいうと、陳さんの文章を再構成して、わたしが肉づけをしていくというかたちで作業を進めた。台湾での調査と、中国語文献の渉猟は陳さんによるところが大きい。日本統治時代のことや、日本の恋愛事情に関する部分はわたしが書いた部分が多い。また、本文でも書いたが、古田島洋介氏の研究によるところも多かった。

わたしにとって、指導担当学生の修士論文を共著というかたちで出版するのは、謝佳静さんと出した『現代台湾鬼譚』(二〇一二年、青弓社)に次いで二冊目である。教え子との共著はさほど珍しいことではないかもしれないが、ここには台湾特有の事情もある。

台湾の大学の日本語学科では日本語・日本文化に関する研究雑誌が定期刊行されているところが多く、毎号七、八本の論文が載せられている。また、定期・不定期のシンポジウムも各大学でおこなわれていて、その際に出される予稿集(口頭発表を事前に文字化した冊子)には一五〜二〇本の論文が載せられている。

それらの論文の総数は、どれほどになるだろう。前に、同僚の神作晋一さんとそんな話をしていて、少なく見積もっても年間一〇〇本、多く見積もれば二〇〇本ぐらいになるのではないかという結論になった。十年で一〇〇〇本から二〇〇〇本。バカにならない数である。

惜しいのは、これらの論文が日本で流通する機会が少ないことだ。昨今はメディア環境が整ってきて、ネット上にアップされている論文もあるが、まだまだ少ない。さらに惜しいと思うのは、日本語学科の大学院の修士論文で、これも相当な数になる。それらのなかには、かなりの力作もある。にもかかわらず、日本に知られることなく、埋もれてしまうケースがほとんどなのだ。

陳さんの修論は、「赤い糸」を通して、台湾と日本の恋愛事情に迫ろうとする意欲作で、台南市内の廟を、ていねいにフィールドワークしている点が評価できる。背景には、両国の婚姻習俗と近現代という大きなテーマも控えている。ここで提起されているのは普遍的な問題といえる。ぜひとも日本に紹介したいと思った。それで、三弥井書店の吉田智恵さんにかけあったところ、さいわいにも快諾してくださった。かくして、本書は日の目を見ることになったのである。これから先、もっともっと、台湾での日本文化研究が知られるようになるといいと思う。

陳さんと知り合ったのは、彼女が大学に入学したばかりのころなので、かれこれ十年来の付き合いになる。大学院に進学するときにも、いろいろと相談を受けた。そう思うと、感慨もひとしお。吉田さんには心より感謝する次第である。また、陳さんが留学中にお世話になった小川直之氏（國學院大學）、修士論文の副査をしていただいた陳艶紅氏（当時、警察大学）、赤江達也氏（当時、高雄第一科技大学）にも感謝の意を表したい（副査の先生のお名前に「紅」、「赤」の字があるのも縁だと思う）。

余談になるが、来年、陳さんはめでたく結婚することとなった。お相手の男性との相性を、大天后宮（本書77ページ）で占ったところ、良縁との結果が出た。若いふたりの門出に、この本は良い記念になったと思う。

出雲大社に参拝したときにも、台南市内の廟に参拝したときにも感じたが、昨今の「縁結び」はブームを通り越し、すでに現代の習俗として定着しつつある。本書のような方法でなくても、ここから現代社会を透かし見ることができるだろう。これから「赤い糸」以外にもさまざまな縁結びグッズが生まれるだろうし、月下老人以外にも縁結びの神さまが出てくるかもしれない。

こうした風潮を現代の病と見る人もいるだろうし、たしかに、そうした意見にも一理ある。しかし、わたしはそうシニカルにとらえる必要はないと考えている。自由に恋愛ができるのは素晴らしいことだし、そういう時代を生きられているのも幸福だと思う。安易な恋愛讃美はよくないが、結果が良くても悪くても、恋愛とは追い求めるだけの価値があるとも思う。そうした人間の自然な感情にもとづいた信仰は、俗っぽいながらも優しい。

二〇一九年三月三〇日

伊藤龍平

引用に際しては、漢字は新字体で統一し、平仮名も現代仮名遣いとした。

《お世話になった方々》　※敬称略。五〇音順。

伊藤（神田）朝美（伊豆の国市郷土資料館）、大山靖媛（横浜媽祖廟）、蔡蕙如（南台科技大学）、周明華・康詩雅夫妻、陳能治（南台科技大学）、陳祐格、那須央定（出雲大社宮司）、服部比呂美（國學院大學）、森田三菜子（台湾夢幻時間）、山田禎久（川越氷川神社宮司）、廖國芬、葉瓊霞（南台科技大学）、葉蓁蓁（南台科技大学）、劉映辰

《参考文献一覧》

『新海誠展「ほしのこえ」から「君の名は。」まで』朝日新聞社 二〇一七年

『恋の神さまと女性にやさしい神社めぐり』戎光祥出版 二〇〇八年

麻生磯次ほか 編『西鶴集』(日本古典文学大四八) 岩波書店 一九六〇年

フカザオナサコ『おひとりさま 縁結びの旅』JTBパブリッシング 二〇一二年

まのとのま『出雲縁結び散歩 日本最強の「婚活スポット」を拝み倒す!』徳間書店 二〇一二年

山田昌弘、白河桃子『「婚活」時代』ディスカヴァー・トゥエンティワン 二〇〇八年

縁結び&温泉女子会『縁結び神社ときらきら温泉』パルコ 二〇一五年

瀧音能之『出雲大社の謎』朝日新聞社 二〇一四年

『週刊東洋経済』六一五九号 東洋経済新聞社 二〇〇八年

倉石忠彦「「葛藤する双体道祖神像―道祖神像容碑を読む試み―」*『長野県民俗の会会報』四一号 二〇一八年

倉石忠彦『道祖神と性器形態神』岩田書院 二〇一三年

有地亨、植木とみ子『日本の家族 身の上相談に見る夫婦、百年の変遷』海鳥社 二〇〇八年

加藤秀一『恋愛結婚は何をもたらしたか』筑摩書房、二〇〇四年

柳田國男『明治大正史世相編』朝日新聞社 一九三〇年

『豊田町誌』豊田町誌編さん委員会 一九九九年

『三和町史』三和町史編さん委員会 一九九五年

『静岡県史』静岡県史編さん委員会 一九八九年

『柳田國男全集』二 筑摩書房 一九九七年

小谷野敦『〔改訂新版〕江戸幻想批判「江戸の性愛」礼讃論を撃つ』新曜社 二〇〇八年

森田吐川『世界お伽噺』一九一一年 成像堂

中村幸彦ほか 編『近世随想集』(日本古典文学大九六) 岩波書店 一九六五年

『新編 日本古典文学全集 七八 雨月物語 春雨物語 英草紙 西山物語』小学館、一九九五年

『日本名著全集　第十五巻　人情本集』日本名著全集刊行會、一九二八年
渡辺信一郎『江戸の女たちの縁をもやう赤い糸―絵図と川柳にみる神仏信仰と迷信』斉藤編集事務所、一九九七年
『太宰治全集』一一　筑摩書房　一九九八年
松本侑子『恋の蛍　山崎富栄と太宰治』光文社　二〇〇九年
津雲むつみ『赤い糸の伝説』、集英社、一九七五
メイ『赤い糸』シリーズ、ゴマブックス、二〇〇七年～二〇〇八年
速水健郎『ケータイ小説的。―〝再ヤンキー化〟時代の少女たち』二〇〇八年　原書房
小谷野敦『もてない男』一九九九年　筑摩書房
ヨコタ村上孝之『性のプロトコル―欲望はどこから来るのか』一九九七年　新曜社
佐伯順子『恋愛の起源　明治の愛を読み解く』日本経済新聞社　二〇〇〇年
柴田陽弘『恋の研究』慶應義塾大学出版会　二〇〇五年
古田島洋介「赤い糸の伝説」＊『明星大学研究紀要　日本文化学部・言語文化学科』一号　一九九三年
古田島洋介「赤い糸の伝説（続）」＊『明星大学研究紀要　日本文化学部・言語文化学科』二号　一九九四年
古田島洋介「江戸時代における赤縄故事」＊『明星大学研究紀要　日本文化学部・言語文化学科』三号　一九九五年
古田島洋介「明治以降の「赤い糸」」＊『明星大学研究紀要　日本文化学部・言語文化学科』四号　一九九六年
古田島洋介『「縁」について―中国と日本―』新典社　一九九〇年
谷沢永一『閻魔さんの休日』文藝春秋社　一九八三年
『夏目漱石全集』一一　一九八七年　筑摩書房
上村六郎『日本染織辞典』東京堂出版　一九七八年
川村純一『病いの克服―日本痘瘡史』思文閣出版　一九九九年
『日本民俗大辞典』上　吉川弘文館　一九九九年
『中国鎮物』東大図書　一九九八年

完顔紹元『民俗文化趣談　婚嫁』萬里書店出版　二〇〇四
藤原覚一『図説　日本の結び』築地書館　二〇一二年
額田巌『結び』法政大学出版局　一九七二年
『折口信夫全集』中央公論社　一九五六年
『近世風俗事典』人物往来社　一九六七年
陳夏生『中国結』一九八一年　英文漢声出版有限公司
陳夏生『中国結2』一九八三年　英文漢声出版有限公司
陳夏生『中国結的経緯』一九九〇年　文建会
陳夏生『手打中国結』一九九四年　英文漢声出版有限公司
陳夏生『中国結3』一九九七年　英文漢声出版有限公司
エリック・ホブズボウム、テレンス・レンジャー編、前川啓治訳『創られた伝統』紀伊國屋書店　一九九二年
燕仁『中国民間俗神』漢欣文化　一九九三年
玄天・太華『民間信仰篇―台湾神祇調査』中国民俗学会　一九八六年
『邀請月老喝喜酒』采昌編輯部　采昌国際多媒体　二〇〇八年
相良吉哉『台南州祠廟名鑑』一九三三年
呉承恩『西遊記』、大衆書局　一九七一年
邱千芬「台南市月老信仰之研究」国立台南大学修士論文　二〇一〇年
蕭区安娜『文化観光産業之探討―以台南市歴史古蹟為例』中華大学碩士論文　二〇一一年
蕭名君「台湾月老信仰研究」銘傳大学修士論文　二〇一一年
西田豊明「台南市の寺廟状況」＊『民俗台湾』一五号　一九四二年
片岡巌『台湾風俗誌』台湾日日新報社　一九二一年
蕭区安娜『文化観光産業之探討―以台南市歴史古蹟為例』中華大学碩士論文　二〇一一年
二〇〇九年版「全国寺廟名冊－台南市」、内政部民政司。（内政部民政司公式サイト－下載専区）出典：http://www.moi.gov.tw/dca/03download_001.aspx?sn=03&page=0（二〇一一年五月二一日

閲覧）
蘇瑞展「高雄県『大樹公』信仰之研究」国立台南大学　二〇〇七年
李妙虹『戦後台湾婦女的社会地位（1970―2000）』
蕭英玲、利翠珊「現代台湾における女性の婚姻形態と動向」＊『東アジアの結婚と女性：文学・歴史・宗教』（アジア遊学157）勉誠出版　二〇一二年
瓊瑤『幾度夕陽紅』皇冠出版社、一九六六年
『台湾文学トップ100』国立台湾文学館　二〇一二年
井上泰至『恋愛小説の誕生―ロマンス・消費・いき』笠間書院　二〇〇九年
李復言『続玄怪録』四　芸文印書館　一九六七年
王仁裕『開元天宝遺事』中華書局、二〇〇六年
『全宋詩』二　世界書局　一九七六年
『全宋詩』三　世界書局　一九七六年
著者不詳『新編婚礼備用月老新書』二十四巻、一二二五年
喬吉『杜牧之詩酒揚州夢雑劇　一巻』呉興臧氏彫蟲館刊本、一六一五年
凌濛初『凌濛初全集　拾』鳳凰出版社、2010年（高明『琵琶記』、明・凌濛初より整理出版。）
馮夢龍『警世通言』桂冠国書　一九八四年
馮夢龍『醒世恒言』上冊　世界書局　一九七三年
魏同賢、安平秋『凌濛初全集　貳』鳳凰出版社　二〇一〇年
張景『繍刻飛丸記定本』台湾開明書店　一九七〇年
張四維『繍刻雙烈記定本』台湾開明書店　一九七〇年
沈受先『繍刻三元記定本』台湾開明書店　一九七〇年
孔尚任『桃花扇』三民書局　二〇〇〇年
陳忱『水滸後傳』桂冠図書　一九九〇
文康『児女英雄伝』上　台湾書房　二〇〇三年
蒲松齢『新訳　聊斎誌異選』六　三民書局　二〇一二年
曹雪芹『紅楼夢』中　遊目族出版　二〇一〇年
改琦『紅桜夢図咏』浙江人民美術出版社　二〇一三年

洪昇『長生殿』三民書局　二〇〇三年
程登吉『新訳幼学瓊林』三民書局　一九九七年
劉鶚『老残遊記』三民書局　一九八六年
『日本昔話事典』弘文堂　一九七七年
呉宜臻『牽紅線儀式―以宜蘭久天宮為例』佛光大学人文社会学院修士論文　二〇〇五年
蕭雲従『離騒圖』文物出版社　二〇一七年
江源「月老信仰與古代父權君權強化的關係論」＊『飛天』一六号　二〇〇九年
張競『恋の中国文明史』筑摩書房　一九九二年
張競『近代中国と「恋愛」の発見』岩波書店　一九九五年
『礼記・昏義』阮刻『十三經注疏』巻六十一　新文豊出版公司　一九七七年
『礼記・曲礼』阮刻『十三經注疏』巻一　新文豊出版公司　一九七七
片岡巌『台湾風俗誌』一九二〇年　台湾日日新報社
洪郁如『近代台湾女性史―日本の植民統治と「新女性」の誕生』勁草書房　二〇〇一年
瓊瑤『六個夢』皇冠出版社　一九六六年
李妙虹『戦後台湾婦女的社会地位（1970―2000）』國立中興大學　二〇〇三年
許佩瑜「一位童養媳阿嬷的生命故事―従自卑中淬煉堅毅」＊修士論文。二〇一三年、国立台湾師範大学教育心理與輔導学系、提出。
『阿媽的故事〔童養媳・養女篇〕』二〇一五年　宜蘭県史館
羅瑞霞・羅文生 編『横山心臼杵―新竹県横山郷沙坑村童養媳故事』二〇一六年、明基友達文教基金会
稲田尹「台湾歌謡研究（二）」＊『台大文学』六巻二号　一九四一年
稲田尹「台湾歌謡抄（三）」＊『台湾芸術』二巻八号　一九四〇年
稲田尹「台湾歌謡選釈（三）」＊『台湾』二巻五号　一九四一年
稲田尹「台湾歌謡選釈（二）」＊『台湾』二巻四号　一九四一年
稲田尹「台湾歌謡抄（四）」＊『台湾芸術』二巻一〇号　一九四〇年
※正確には、（四）ではなく（五）の誤り。

稲田尹「台湾歌謡研究（一）」＊『台大文学』六巻一号　一九四一年

著者紹介

伊藤龍平（いとう　りょうへい）

1972年、北海道札幌市生まれ。國學院大學大學院博士課程修了。

現在、台湾・南台科技大学助理教授。

『江戸の俳諧説話』2007　翰林書房、『ツチノコの民俗学―妖怪から未確認動物へ―』2008　青弓社、『江戸幻獣博物誌―妖怪と未確認動物のはざまで―』2010　青弓社、『現代台湾鬼譚―海を渡った「学校の怪談」―』2012　青弓社　※謝佳静との共著、尉天驄『棗と石榴』2015　国書刊行会　※葉蓁蓁との共訳、『福島県都路村説話集』2015　國學院大學説話研究会　※責任編集、『ネットロア―ウェブ時代の「ハナシ」の伝承―』2016 青弓社、『怪談おくのほそ道―現代語訳『芭蕉翁行脚怪談袋』―』2016　国書刊行会、『何かが後をついてくる―妖怪と身体感覚―』2018　青弓社。

陳　卉如（ちん　きじょ）

1987年、台北県永和市（現・新北市永和区）生まれ。

南台科技大学大学院修士課程修了。

現在・VALTEC台湾勤務。

恋する赤い糸　日本と台湾の縁結び信仰

2019年8月30日　初版発行

定価はカバーに表示してあります。

発行者　吉田敬弥
発行所　株式会社 三弥井書店
〒108−0073東京都港区三田3−2−39
電話03−3452−8069
振替00190−8−21125

ISBN978-4-8382-3352-6 C0039　整版・印刷　エーヴィスシステムズ